JN441345

기일혜 수필집 39

낡은 집

기일혜 수필집

서른아홉 번째 이야기

낡은 집

크리스챤서적

머리말

여행은 집을 그리워하기 위해서 가는 것인가.

지난봄 중국 소주에 가서 집을 그리워했다.

가난한 맑음이 있는 내 집을.

우리는 지구에 잠시 여행 온 주님의 자녀.

여행이 고되고 힘들수록 자녀는 성숙하면서 본향을 그리워한다. 그러므로 편안하게 여행하려고도 말고, 여행 중에 잘 지내려고도 말고, 동행인과 좋은 것 있으면 나누고 돕고 양보하고 져 주면서 살아갈 일이다.

이번 책부터 기독교 직분을 나타내는 장로님, 권사님, 집사님이라는 호칭을 안 쓰기로 한다. 내 책은 종교를 초월해서 다양한 분들이 읽기에 하는 말이다. 목사님 사모님은 누구나 사용하는 말이니 그대로 쓰고. 독자들의 양해를 구할 뿐이다.

2019년 6월 기일혜

차례

2부 | 그 아픈 시간에

3부 | 어마어마한 사랑의 빚

1부

조선족 가이드를 위하여

이 강산 낙화유수 흐르는 봄에

'이 강산 낙화유수 흐르는 봄에….'

내가 어려서 듣던 유행가 한 대목이다. '낙화인들 꽃이 아니랴 쓸어 무삼하리요'라는 옛 시조도 있고.

올봄 4월 어느 날, 오빠와 같이 동생네 집으로 가는 건널목 앞이다. 부는 바람에 벚꽃 잎들이 눈 오듯 떨어지고, 땅에 떨어진 꽃잎들은 이리저리 몰려다니다가 보도 턱 밑에 수북이 쌓인다. '바람 불어서 꽃잎이 떨어지는구나' 하면서 나는 무심히 건널목을 건너가는데, 오빠는 허리를 굽혀서 수북한 꽃잎 한 줌을 집어서 손바닥에다 놓고 중얼거린다.

'내년 봄에나 너를 보겠구나….'

애조도 띠지 않고 담담하게. 담담한 목소리가 마음으로 더 스며든다. 벚꽃은 내년 봄에도 볼 수 있지만 사람은 한 번 가면 볼 수 없다고 한탄한다.

그러나 한탄하지 말지어다. 예수님 믿고 천국에 가면, 보고 싶은 사람들(예수 믿었던) 볼 수 있다. 만날 수 있다.

보기만 해도 아픈 감자

“어머 어머 감자가 또 왔네. 어쩌까 어쩌까아. 저 감자는 못 먹어 못 먹어….” 보기만 해도 아픈 감자. 92세, 89세 노인들이 농사지어서 보낸 감자. 그래도 받았다고 전화하니 조 선생님이 받으신다. “죄송합니다아… 한번 선교 활동 오십시오. 우리 알곡교회는 알곡들만 모였단 말이오.”

나를 강사로 세우시려는 마음. 아버지가 딸 생각하듯이. 나는 부모님 별세 뒤 고향 장성에는 잘 안 간다. 영암에 자주 간다. 조 선생님 내외분이 계시기에.

내 아버지에게 문학과 철학이 있다면 조 선생님에겐 문학과 철학은 물론 정(情)이라는 인간학이 있고, 뭣보다 중요한 실학(實學)이 근간(根幹)을 이루신다. 빚에 시달려도 손에 호미 자루 한번 잡아 본 적 없는 관념 투성이 내 아버지와는 차원이 다른 분이다. 내겐 국보급이 아닌 국보 조 선생님.

사람뿐 아니라 어려서 기른 염소새끼부터 영암의 인물 역사 산천초목에까지 다 정 붙이고 사랑하시는 분.

이제 그 정 거두시어 예수님께만 정드시기를 간구한다.

강 여사의 마중

그날 밤 열 시 순천역에 내리니, 강 여사가 마중 나와 있다. 다음 날 그 댁에서 사람들을 만나고.

그다음 날은 김 목사님 부부와 외나로도에 갈 예정.

가다가 멀미하면 김 목사님 부끄러우니 먼저 가시라 하고, 강 여사에게 외나로도까지 나를 데려다 달라고 조른다.

강 여사는 그러마고 하나, 기름 낭비하겠기에, 나는 맘을 바꿔 김 목사님 차에 동승한다. '주님, 기름 아끼려고 김 목사님과 동행하니 멀미 안 나게 해 주세요.' 이런 유치한 기도도 들어주셔서 멀미 안 하고 외나로도에 잘 다녀왔다.

옛날에 내가 젊어서 고향 역에 내리면 아버지가 마중 나오신다. 내가 먼저 도착해서 역사 앞에 서 있으면, 한 백 미터쯤 떨어진 거리에서 아버지가 오신다. 허공을, 꿈을 딛듯이, 실체 없는 어떤 관념으로 철학으로 내게 다가오는 아버지.

내가 천국에 가면 예수님이 마중 나오시겠지.

순임 님의 유머

오전 열 시 반쯤 정읍역에 내리니, 순임 님 사는 산외면 사가마을 가는 버스는 오후 두 시 이후에나 있다. 버스로도 한 40여 분 가니 택시를 탈 수도 없고. 심란해진 맘으로 그에게 전화한다. “왜 그리 먼 곳에서 살아요? 버스는 오후 두 시 이후에나 있대요.”

“아이고 선생님, 정읍이시구나. 제가 집을 띠메고(떠메고) 정읍으로 지금 갈게요.”

집을 떠메고 오겠다는 그의 말을 듣자, 웃음이 나오면서 복잡하던 머리가 시원해진다. 시원해진 머리로 잘 알아보니, 칠보까지 버스(자주 있음)로 가면 거기서 사가마을 가는 택시가 있고, 택시비는 만 원. 조금 기다리다가 칠보행 버스에 오른다. 칠보에서 택시로 바꿔 타고 사가마을에 내리니, 순임 님이 나와 있다.

나를 보자마자 그가 막 웃으면서 말한다. “선생님, 집을 띠메고 갈라고 하니 집이 안 떨어져요, 안 떨어져.”

이만한 유머 가진 순임 님을 내가 어찌 안 좋아하겠는가.

용돈 싸움

외나로도에서 돌아오는 날.

전주에서 1박 하려다가 여의치 않아서 정읍 순임 님 집으로 갔다. 순임 님 집은 내 집같이 편안하다. 내 집 외에 그렇게 편한 집은 아마도 없으리라. 그가 내 맘을 편안하게 해 주기 때문이다. 그의 앞마당에 만발한 꽃들도 나를 반겨 준다.

그는 허리와 무릎이 아프다는 73세 노인이나 나를 반기는 마음은 꽃 같은 새댁이다. 언제 어느 때 전화해도 그 반김이 나를 무한정 안심시킨다. 기쁘게 한다.

그는 정기적인 수입도 없고 혼자 사는 독거노인이다. 작년엔 감자 몇 마지기 심었는데 '13만 원 건졌다'고 한다. 그렇게 손해가 났어도 방글방글 웃는 그에게 내가 한마디 한다.

"어쩔까, 내가 순임 님한테 용돈 좀 드려야 하는데…."

"선생님, 별 말씀을 다 하시네요. 용돈은 제가 드려야지, 왜 선생님이 줘요. 여기까지 오셨는데…."

"왜 순임 님이 내게 용돈을 줘요. 힘들게 일하면서 어렵게 사시는 순임 님한테 내가 드려야지. 안 그래요?"

"누구한테나 물어봐요. 자주 오시는 것도 아니고 어쩌다 한번 오시는데 차비라도 하시라고 제가 드려야지요."

"우리 이러다 싸우겠네요. 우리 서로 용돈 줄 형편도 아니고. 싸우지 말고 우리 아버지 하나님에게 용돈 타서 씁시다."

"그럽시다. 하하하…."

우리 둘은 막 웃는다.

제자가 담근 막장

4월 초, 장성 동화면 사는 제자 병희 님 집에 갔다.

간이 온실에서 잘 키운 상추를 한 바구니나 먹었다. 된장 고추장 양념한 것도 아닌 막장에다가. 그 집 막장이 내 입맛에 맞다. 오늘 입맛이 없고 그 막장 생각이 나서 전화한다.

"어떻게 그런 막장을 담는가?"

"요 몇 년 동안 된장 안 담갔더니, 오래된 된장이 짜서 보리밥 푹 퍼지게 하고 콩을 메주콩 삶듯이 삶아서 찧어가지고 그것들을 함께 버무려요. 간 봐 가면서. 싱거우니까 냉장고에 넣어 두고…. 봄에 담가서 여름에 쌈 싸 먹었으니, 한 서넉 달 지나면 되는 것 같네요."

"지금도 상추는 있는가?" "동이 선 상추로 김치 좀 담갔어요… 싱겁게 간해 갖고 김치 담듯이." "알았네. 시원하네. 자네 얘기 듣고 있으면 뭐든지 다 시원하네."

글 쓰다가 보면 막장 같은 제자 목소리라도 듣고 싶어진다. 그런 목소리라도 들어야 이 어찌할 수 없는 피곤이 좀 가신다.

나를 깨우는 목소리

목소리에는 그 사람의 마음이 담아지고 그 사람의 정신, 영혼도 담아진다.

그런데 '선생님! 선생님!' 하고 존경과 애정을 담아서 나를 부르는 목소리가 있다.

그 목소리를 들을 때면, 나는 '그녀 인생의 좋은 선생님이 되어야지' '좋은 신앙 친구가 되어야지' 하는 다짐을 하기도 한다.

무심히 있는 내 옆에서 '선생님' 하고 부르거나 전화로 '선생님, 선생님' 하는 그 목소리가 나를 깨운다. 내게 보내는 그 마음에 대한 답례로 어떤 책임감으로 내가 새로워진다고나 할까…. 엄마, 하고 부르는 목소리에 자녀의 온 사랑이 담겨지듯이, '선생님' 하고 부르는 그의 목소리에서 그의 전 인격이 느껴진다. 인간은 남의 마음을 느끼는 마음이 있다.

그가 '선생님!' 하고 부르는 목소리에 나는 살아 있다는 보람과 감사를 느낀다. 차분하고 조용해진다.

때로는 아늑하게 평안해지기도 하면서 새롭게 깨어난다.

기(奇) 시스터스

질녀 효정이 사는 중국 소주를 가려면 먼저 상해 공항으로 가야 한다. 소주는 거기서 택시로 한 40분쯤 가면 된다.

그날 공항에 질녀는 못 나오고 택시 기사에게 마중을 부탁했다. 택시 기사와 우리는 서로 얼굴을 모르니까, 기사가 '기(奇) 시스터스(기 자매들)'라고 쓴 팻말을 들고 입국장에 서 있기로 했다. 효정 엄마인 동생네 집에 갔다가 이 소식을 들은 오빠가 한마디 한다.

"기 시스터스라고 팻말 들고 있으면, 요새 유행하는 아이돌 그룹인가 하고 기자들이 취재할지도 모르겠다. 그런데, 잔뜩 기대하고 있다가 할머니들 셋이 나오면 실망하겠다야." 오빠의 재미있는 상상에 박장대소한다.

상상력은 나이에 상관없다. 독서는 상상력을 키워 주는가. 오빠(85세)는 책을 많이 읽는다. 얼마 전 《경제는 지리(地理)》라는 책을 읽고 동생들에게 요약해 준다. 노년에도 좋은 책은 좋은 스승이다. 성경처럼 좋은 스승이 있을까? 없다.

승우의 바이올린 독주회

열 살 나이에 아빠 직장 따라서 중국 소주 외국인 학교에 입학한 승우. 그는 어렸을 때 집에 TV가 없어서(일부러 구입 안 함) 책을 많이 읽었다. 외국인 학교에 가자 중국어, 영어를 배우느라 스트레스가 많았겠으나 다양한 독서로 풍부해진 생각이 외국 친구들과 어울리는 데 도움이 되었을 것이고, 틈틈이 배운(1년) 바이올린도 힘이 되었으리라. 학교 오케스트라 단원이 된 승우.

그날 밤, 이모할머니들 앞에서 연주한다. 연주라기보다 음악에 취해서 바이올린을 갖고 논다고나 할까? 20여 편의 명곡. 어떤 곡은 슬퍼서 나는 앙코르 두 번이나 하고.

사람에겐 이 세상 무엇으로도 채울 수 없는 영적인 외로움이 있다. 그 외로움은 영원한 것. 신(神)으로만 채워진다. 《외로움은 그냥 놔두세요》라는 제목의 내 수필집이 있다.

외로움을 잘 다스리면 그 속에서 예술 작품이, 창의적인 신제품이 나오고, 영원 사모하다가 주님 만나게도 된다.

어떤 외로움이든 감각적인 것으로만 풀려고 하지 않는다면.

거창한 사인(sign)

며칠 전, 일본 손님들이 여섯 분 다녀가셨다. 밖에서 점심 대접하고 집에서 다과 나누면서 내 성심을 다했다. 나는 오늘 한국을 대표한 민간 대사이니까.

지난번 중국에 갔을 때 우리 자매들의 여정, 관광을 도와준 승우 친구 엄마가 있다. 그는 옥스퍼드대에서 공부한 영어와 중국어에 능통한 분이다. 그는 중국어가 서툰 우리 교포들의 삶을 통역으로 도와주시고 외국인 학교에 보내는 한국 엄마들의 외국어 불편도 덜어 주신다.

나는 그에게 깊이 감복해서 내 책에 사인(sign)을 길게 해서 선물로 드린다. 이건 사인이라기보다 구차한 편지 같다.

"낯선 나라 중국에서 민간 대사 역할을 완벽하게 하시는 참으로 귀하신 이윤희 님께,

사랑하는 질녀 효정(승우 엄마)의 이모인 저자 기일혜가 드립니다. 2019년 4월 17일(덧붙임 : 아아 보내 주신 명과도 잘 맛보았습니다)."

사랑하는 질녀 일에는 나도 말 많고 형편없는 속물이다.

발 마사지하는 여인들

예수님이 베드로 발을 씻기려 하자 베드로는 거부한다. 네 발을 씻지 않으면 나와 상관이 없다는 말씀에, 베드로는 발뿐만 아니라 손과 머리도 씻어 주소서 한다. 이미 목욕한 자(거듭난 자)는 발밖에 씻을 필요가 없다, 너희도 이같이 본을 보이라고 예수님은 말씀하신다.

중국 소주 1일 관광하고 피곤한 몸으로 일행은 발 마사지 집으로 향한다. 나는 안 한다고 하고.

"너희들만 받아, 나는 휴게실에서 기다릴 테니."

효정이와 동생들이 나를 설득한다. 설득당한 내가 드디어 발 마사지 받는다.

안 받겠다고 한 건 부끄러움 때문이다.

발 마사지, 한 시간 받으면서 첫날은 중국 여인들에게 미안하고 안쓰럽고 부끄럽고. 이틀째 받으면서는 그 맘이 줄어들고. 자주 받으면 일상이 되겠지.

습관이란 무섭다.

700만 가지 불가사의(不可思議)

살던 구식 아파트의 재건축으로 분당에서 잠깐 살 때. 근처에 사는 손자가 놀러 온다. 같이 천변 가를 걸으면, 아이는 보도 가에다 귀를 대곤 한다. 나는 궁금해서 묻는다.

"왜 그러니?"

"이 속에서 개미 소리가 들려요."

내가 듣기엔 아무런 소리도 안 나는데 개미 소리가 난다고 한다. 얘가 무슨 헛소리를 듣는 건 아닌지 걱정이 되기도 했다.

이런 은유(隱喩)가 있다. "어른 눈엔 세계 7대 불가사의가 보이고, 아이 눈엔 불가사의가 700만 가지 보인다. 우리가 영원히 '아이 눈'을 잃지 말아야 하는 경이로운 이유 아닐까."

"상상력은 지식보다 중요하다"는 아인슈타인의 명구도 있다.

주님은 700만 가지 불가사의만 있는 게 아니고 이 세계, 이 우주가 무한대로 불가사의하다고 말씀하신다.

믿음은 보이지 않는 그분의 불가사의를 믿는 것이다.

하 서방 고마워

소주에서 며칠 지나다가 귀국을 하루 앞둔 밤, 동생이 말한다.

"언니. 우리, 하 서방에게 고맙다고 전화나 하고 가세."

승우 아빠(하 서방)는 그때 근무지 이동으로 중국 청도에 가 있었다.

"우리가 합창해서 전화기에다 대고 '하서방 고맙네' 하세."

"못해. 어색해, 부끄럽고…."

나(우리)는 하 서방에게 말 한마디도 못하고 동생이 전화하는 걸 듣기만 한다. 사위에게 저리 감격스런 전화를 하다니…. 예의와 품격을 갖춘 다정다감함으로, 청도에 혼자 있는 사위를 격려, 위로, 조언, 당부까지 한다. 동생의 품위 있는 화술(話術)에 놀라면서 나는 반성한다.

동생 말대로 '하 서방 고맙네!' 하고 재미있게 인사했으면 하 서방도 좋아했을 것인데…. 내 소극적인 자세가 동생에게 미안하고 하 서방에게도 미안했다. 나는 참 재미없는 사람이다.

탐험가에 대한 승우의 생각

아빠 직장 따라 중국 소주로 간 승우가 외국인 학교에 다닌 지 1년쯤 된다. 우리나라 학제로 말하면 초등학교 4학년(11세)쯤 되고.

글짓기 시간에 '탐험가에 대해서' 쓴 글을 보았다. 1년 간 배운 영어 실력으로 '탐험가에 대해서' 쓴 영작문이다.

> 탐험가들은 좋았을까, 나빴을까? 대부분의 사람들은 탐험가가 대단했다고 믿는다. 그들은 새로운 나라 발견, 새로운 식물을 발견하고 사람들을 가르쳤다. 탐험가들이 맨날 좋은 일만 했을까? 마르코 폴로에 대해서 찾아보고 찰스 다윈에 대해서도 찾아보면, 마르코 폴로는 전 세계를 탐험했다. 그는 중국과 같은 장소들을 탐험하고 그리고 그는 그가 찾아낸 놀라운 것들에 대해서 한 책을 썼다. 이 책은 그의 나라에 있는 사람들을 가르쳤고 콜럼버스가 그를 존경했다. 크리스토퍼 콜럼버스는 아메리카를 발견했다. 그러나 그(콜럼버스)는 몇몇의 사람들을 노예가 되게 만

들고 많은 사람들을 죽였다.

찰스 다윈은 전 세계를 탐험했다. 그리고 그가 찾은 화석과 식물에 대해서 책을 썼다. 이것은 사람들을 가르쳤고 과학자들에게 존경을 받았다.

대체적으로 대부분의 탐험가들은 좋은 일을 했다. 그러나 몇몇의 탐험가들은 노예를 만들거나 사람들을 죽이는 나쁜 일을 했다.

선생님 평: 1. 정말 잘 썼다!

2. 도입부를 잘 썼고 과거시제 동사를 잘 활용했고.

세계 7대 불가사의만 아는 나는, 탐험가는 다 위대하다고 생각했다. 그들이 탐험지에서 좋은 일만 했으리라고 단순하게 믿고. 그러나 700만 가지 불가사의가 보인다(은유)는 승우의 '아이 눈'에서 본 글을 읽고, 다시 생각하게 된다.

조선족 가이드를 위하여

우리 자매들이 중국 소주의 명소를 구경하는 1일 투어.

1일 관광하는 날이다. 아침 아홉 시쯤 고급 승용차와 기사, 여자 가이드가 질녀네 아파트 앞으로 와서 대기한다. 우리는 약속한 시간에 나가서 하루 소주 명소들을 관광한다.

조선족 여자(50대) 가이드가 내 맘을 끈다. 반백의 머리에 세련되고 단아한 용모와 옷차림, 매너, 태도, 목소리, 나무랄 데가 없다. 중국에 저런 우리 조선족이 있다니 자랑스럽다. 그의 조부 때 중국으로 건너왔다니, 지금이 있기까지 많은 아픔과 상처가 있었겠지. 개인사에 관해선 입을 다무는 그에게서 나 혼자 느끼고 생각할 뿐이다.

한국에 와서도 나는 가끔 그 여인을 생각한다.

그에게 뭘 더 해 주고 왔어야 했는데, 뭔가 못해 주고 온 것만 같아서 아쉽고 후회스럽다.

그녀는 너무 세련되어서 인간미가 결여되어 있다고나 할까. 타민족 사회에서 관광 안내라는 직업에 충실하다 보니, 살아남기 위해서 그렇게 빈틈없는 기계처럼 돌아가야 하는

가. 그 나이에도 반듯한 몸매, 잘 가꾼 용모도 생존 조건의 하나가 아니겠는가.

긴장과 절제된 매너로 싸늘한 그녀. 그에게 생명의 온기나 풋풋한 인정(人情)을 부어 주고 올걸… 뭔가 내가 더 잘해 줬어야 하는 건데. 그녀에게 뭘 못해 주고 온 것만 같아 가끔은 불편하고 조금은 괴롭다. 오늘 아침은 그런 마음이 진해져서 나는 속으로만 부르짖는다.

'내게로 오세요. 조선족 여인이여, 오세요. 아니 외롭고 아픈 분도 오세요. 말할 상대가 없는 분도 오세요. 내가 당신에게 뭘 해 드릴까요. 친구 원하시면 친구 돼 드리고, 심부름 원하시면 심부름꾼 돼 드리고, 하인 필요하다면 기꺼이 당신 종이 되겠습니다. 뭐든 하겠습니다. 예수님의 사랑 안에서.'

죄지을 틈이 없는 사람들

내 친구와 그 남편의 하루 일상은 이렇다.

새벽이면 어김없이 교회 새벽 기도회 가고, 아침은 일곱 시에 들고. 낮에 남편은 성경 읽고, 인터넷으로 바둑 두고 운동 경기도 보고, 아내는 유리알같이 집안 치우고 점심 준비. 오후에 남편은 산책 가거나 친구 만나고, 아내는 성경 읽거나 뒷산 쪽으로 걷고. 집으로 돌아와서 같이 저녁 들고. 일찍 자고 일찍 새벽 기도회에 가고.

내가 그 친구 부부 사는 얘기를 다른 친구에게 했더니 한 말씀 하신다.

"죄지을 틈이 없이 사시는구나."

어느 날, 죄지을 틈도 없이 사는 그 친구에게 "지금 뭐 하세요?" 하고 전화하니, 대답이 이렇다.

"나는 지금 눈이 콕콕 쑤셔서 진통제 먹고, 남편은 이가 아파서 감초 삶은 물 머금었다 뱉고, 하네요. 치과에 가 보라고 해도 안 가고."

죄지을 틈도 없이 사는 내 친구 부부의 고통스런 오후.

죄지을 틈도 없이 사는 부부에게도 이런 고통을 주시다니, 주님의 뜻을 묻는 내게 아무런 대답도 안 하신다. '십자가 얘기만 하시고.'

어느 목사님의 말씀이 떠오른다. '십자가에서 비명을 지르는 방법으로만 너를 만들겠다. 너는 다른 방법으로는 만들어지지 않는다.'

사망의 음침한 골짜기에서 지르는 우리의 비명 속에서 우리가 만들어진다는 말씀… 푸른 시냇가 쉴 만한 물가에 누워만 있어선 사람 안 된다는 말씀이다.

받은 선물 나누기

시댁 친척 여덟 분을 우리 집으로 초대했다. 초대 손님 중에는 보행이 불편한 극노인도 두 분이나 있고.

살아서 한 번이라도 친척들 더 모시고 싶다고, 남편이 서둘러서 이루어진 만남이다. 남편은 며칠 전부터 음식점과 메뉴를 정하고, 예약 식당에 가서 의논도 하고.

드디어 손님들 오시는 날. 선물들을 많이 가지고 오셨다.

젊었을 때는 생각이 못 미쳐서, 손님들 선물 받기만 했다. 다시 나누어 드린다는 생각은 하지 못했다. 그러나 나이 먹어 가면서 이런 생활에도 안목이 생기는지, 받은 선물을 그날 다 나눠 드리면, 그날의 만남이 더 즐겁지 않을까 하는 생각이 든다. 그날 밖에서 점심 대접하고 집에서 다과 들고 헤어질 때, 가지고 오신 선물들 골고루 다 나누어 드린다. 유기농 사과는 많아서 그것만 몇 개 남기고.

집에 도착한 친척 몇 분에게서 전화가 온다.

"언니(올케), 오늘 잘 먹고 또 들고까지 와서, 언니 잘 먹을게요. 언니도 오늘 수고 많이 했어요. 좀 쉬세요."

“고모(시누이) 고마워요.”

이것이 오늘 내가 생활로 드린 예배가 아닌가.

예수님의 마음으로 선을 행하고 예수님의 사랑으로 서로 나누는 것이 예배라고 한다. 일상 삶이 예배가 될 수 있다는 성경 말씀이다.

“예수님의 영성(靈性)은 종교에 뿌리박은 영성이 아니라 삶에 뿌리박은 영성이다.”

“오직 선을 행함과 서로 나누어 주기를 잊지 말라 하나님은 이 같은 제사(예배)를 기뻐하시느니라”(히브리서 13:16).

내 친구의 어록(語錄)

“죄지을 틈이 없는 삶이네요.”

“야곱의 총애를 받은 사람.”

“은사는 잘못 사용하면 분쟁만 일으킵니다.”

“좋은 음식(선물)은 맛이 없어요.”

“조미료도 없는 분, 그 사람 인간성에 조미료 같은 것이 가미되지 않은, 세상적인 것이 섞이지 않은 사람.”

“당신 어머님은 수줍음이 있어요. 80 넘어서도 수줍음 있는 사람 처음 봤어요.”

“자녀 기도를 왜 남에게 부탁해요. 누가 엄마처럼 자기 자녀 위해 절실하게 기도하겠어요. 내가 아무리 기도해도 그 엄마처럼 간곡히 하겠느냐고요.”

“오늘날 신자들은 다 롯(창세기 19장)이어요. 나도 롯이고.”

그 친구는 지금 아프다. 육신을 너무 돌보지 않아서 그럴까. 사람들은 육신의 건강, 건강 하는데, 성경에 육신을 돌보라고 직접 하신 말씀은 없는 것 같다.

마른 고사리 삶는 법

'마른 고사리 삶는 법'을 친구에게 물었더니 가르쳐 준다.

"저녁에 찬물에 담가서 하룻밤 지나고, 아침에 헹궈서 쌀뜨물에 끓이다가, 딱 5분만 끓이고 불 끄고 그대로 서너 시간 동안 그 물에 담가 놓았다 헹구면, 적당하게 보드라운 고사리가 돼요."

그의 고사리나물은 그의 아들이 가장 좋아한다. 요리 좀 한다는 그의 며느리가 고사리 삶는 방법 물어서 가르쳐 줬더니, "어머니가 하란 대로 해도, 어떻게 하면 죽 되고 어떻게 하면 딱딱하고. 고사리나물은 어머니가 하셔요" 했다.

그 집 네 딸 중에서 가장 엄마 솜씨 닮은 큰딸에게 가르쳐 줘도 엄마처럼은 안 된다고 한다. "그럼 어떡하니, 엄마가 삶는 방법대로 해도 안 된다니 어떡하니…."

마른 고사리 삶는 방법은 그의 80년 인생에서 얻은 비결이다. 음식은 예술이다. 이론, 지식으로 되는 게 아니다. 만드는 이의 극강(極強)의 노동과 기술, 품격이 만든다.

보리 풋바심

밭에 감추인 보화 같은 내 친구.

그는 여덟 살 때부터 어머니, 할머니 점심 해서 산 위의 밭으로 날랐다. 어머니, 할머니가 산 위의 밭에서 일하시기에. 초여름엔 보리 풋바심해서, 보리밥 지어 산으로 이고 간다. 헐떡거리고 비탈진 산을 올라가서 그 보리밥 내려놓으면, 어머니는 밥 잘못해서 깔끄럽다 투정하고. 할머니는 어린 것이 해 온 것, 참고 먹으라 하시고.

보리 풋바심 어떻게 하는가 하니 친구가 가르쳐 준다.

보릿고개에 쌀이 떨어지면 논에서 익은 보리만 꺾어다가 무쇠솥에서 살살 볶아, 그걸 절구에 넣고 껍질 벗겨서 다시 솥에 안치고 밥을 한다. 그는 깊은 산속 마을에서 8남매 맏이로 태어나 일하는 어머니 대신 동생들 다 업어서 키웠다. 친구의 등은 동생들이 싼 오줌으로 늘 젖어 있고.

보리 풋바심하고 동생들 업어 키우던 친구의 산골 집은 여덟 살 그의 지성소(至聖所)가 아니었을까. 그를 기도의 어머니로 키운 광야가 아니었을까.

어머니 손 좀 만져 봅시다

오늘은 정수기 코디 이선희 님이 오시는 날.

코디 님이 와서 일하기 좋게 나는 정수기 주위를 정돈하고, 환풍기 필터 청소하는 세면실도 일하기 좋게 정리한다.

열 시, 예정 시간이 되자 벨이 울린다. 급히 나가느라고 내 손에 묻은 물도 잘 닦지 못한 채. 오늘따라 코디 님은, 내 손에 물 묻었다고 해도 "오랜만에 어머니 손이나 한번 만져 봅시다" 하면서 내 손을 덥석 잡는다. 나는 민망해서 손을 살짝 빼려고 하고.

"그래도 어머니 손이 따뜻하네요."

"열이 있는지도 몰라요."

"병원에 한번 가 보셔요."

나는 내 방으로 들어와서 글 쓰고, 코디는 남편의 무슨 질문에 대답도 하면서 자기 일 한다. 얼마 뒤, 코디가 간다고 해서 내가 나간다. 내 가슴에서 맴도는 말 한마디를 한다. "물 묻은 손이라도 만져 보겠다고 하는 진심이 요새 어디 있던가요."

주님 날개 밑에서

전주 김 사모가 시집보낸 인순 님이 사는 곳은 순창군 인계면. 사랑샘교회 김 사모, 작은아씨, 나 셋이서 그가 사는 집이 있는 인계면을 찾아갔다.

인순 님은 뇌성마비 처녀로 김 사모가 섬기던 전 교회 교인이었다. 인순 님이 시집갈 때, 김 사모가 시집올 때 해 온 농 한 짝 줘서 결혼시켰다는 감동적인 얘기는 전에 했다.

인순 님은 지금 교회 권사님이 되어 남편, 아들, 며느리와 살고 있다.

그날, 주방에서는 인순 님의 아들 며느리가 오순도순 우리들 점심을 준비한다.

며느리는 대장암 수술한 시어머니(인순 님)와 어딘가 아파서 누워 있는 시아버지와 같이 산다. 그래도 온화한 표정. 점심으로 나온 음식이 다 맛이 있고.

인순 님은 대장암 수술로 몹시 말랐어도 옷차림이 단정하고 표정이 예리하게 살아 있다. 그 안에 생명이신 예수님이 계시기에. 김 사모가 인순 님에게 말한다.

"기억 나? 우리 그때, 미나리 뜯어다 전 붙여 먹고 그랬지…."

인순 님은 몸을 흔들면서 웃고. 작은아씨는 며느리 칭찬에 여념이 없다.

"어쩌면 이렇게 얼굴도 곱고 온순하고 음식도 잘해요."

일어설 때 작은아씨가 며느리에게 봉투 하나를 쥐어 준다. 며느리가 시어머니에게 그 봉투를 드린다. 인순 님이 곧 따라 나오면서 작은아씨에게 말한다.

"며느리에게 왜 그렇게 많은 돈을 주셨어요?"

인순 님 큰 아들은 의학을 공부한 재활 치료사로 정혼한 처녀가 있다고 하고.

인순 님은 장애가 있는 고아나 다름없었지만 주님의 날개 밑으로 들어왔기에 가정을 이루어 든든히 서 가고 있다.

주님 날개 밑으로 들어오면 살고, 날개 밖으로 나가면 죽는다.

사람은 죽어 봐야 안다지만

냇물이 말라야 바닥을 드러내듯이 사람은 죽어 봐야 그 마음 바닥을 알게 된다고 한다. 그러나 그 사람 죽어도 모르는 일이 있다. '그가 천국에 갔는지, 지옥에 갔는지는 모른다.' 하나님만 아실 일이다. 우리가 천국에 가 봐야만 알 일이고.

성경에 부자와 나사로가 있다. 그들이 죽은 사후(死後)의 삶은 아무도 몰랐으나 성경 누가복음이 기록하고 있다. 부자는 지옥에서 물 한 모금을 애타게 달라고 하고, 거지 나사로는 아브라함의 품에 안겨 있다.

"이에 그 거지(나사로)가 죽어 천사들에게 받들려 아브라함의 품에 들어가고 부자도 죽어 장사되매 그(부자)가 음부에서 고통 중에 눈을 들어 멀리 아브라함과 그의 품에 있는 나사로를 보고 불러 이르되 아버지 아브라함이여 나를 긍휼히 여기사 나사로를 보내어 그 손가락 끝에 물을 찍어 내 혀를 서늘하게 하소서 내가 이 불꽃 가운데서 괴로워하나이다"(누가복음 16:22~24).

아버지의 편견

남쪽 어느 소읍에 사시는 내 독자는 결혼 조건이 참 특이했다. 어머님 모시고 사는 그런 남자에게 시집가려고 했단다. 올케가 어머니에게 섭섭하게 하는 걸 많이 보고, 나는 시집가면 시어머니께 잘해야지 하면서. 그는 그런 남자와 결혼해서 잘 살고 있다. 거의 모든 처녀들이 시어머님과 함께 사는 걸 꺼리는데 참 특별한 분이다.

이 나이에 생각하면 조금 손해 보는 '밑지는 결혼'이 잘하는 결혼이 아닐까 한다. 부끄러운 얘기지만 아버지는 내 남편에게 "김 서방은 두엄자리에서 꿩 물었다"고 하셨다(내게만 가만히). 자기 딸만 좋게 보는 아버지의 편견이다. 그러나 나중에 보니 두엄자리에서 꿩 문 사람은 남편이 아니라 바로 내가 아닌가.

이 남편 아니었으면 별나게 까다롭고 현실적으로 무능한 내가 가정 일과 작가 일 해낼 수 있었겠는가. 생각할 수도 없는 일이다. 인간은 누구나 아전인수(我田引水). 객관적으로 보게 하신 분은 내 안에 계신 예수님이다.

이 고운 산야(山野)에서

나주역에는 서 선생님(서 장로님), 조 선생님도 마중 나오셨다. 서 선생님 차로 영산포에 들러서 점심 들고, 점심 후에는 서 선생님 필생의 작품인 영암 그의 감나무 과수원으로 갔다. 감나무 밭 중앙에 세 사람은 자리를 잡았다.

내 일생에 몇 번이나 있을까 하게 청명하고 상쾌한 가을날 오후. 맑고 푸르기만 한 하늘, 햇볕은 알맞게 따뜻하고 바람 산들거리고, 감나무 밑으로는 5월의 초원 같은 보드라운 풀들이 남실거린다. 주위 사방 감나무에는 주홍빛 탐스러운 감들이 수줍은 얼굴을 너도나도 내밀며 수확의 손을 기다리고 있고.

조 선생님은 하늘을 오래 바라보시다가 5월의 초원같이 남실거리는 비단 풀밭을 소년처럼 걸어서 과수원 끝까지 가 보신다. 과수원 끝에는 작은 언덕이 있고, 언덕 밑에는 들꽃들이 자욱할 것이다. 그 언덕에 누워서 친구와 온종일 이야기하고 있으면 누가 보고 야단하지 않을까? 바쁜 세상에 그렇게 한가하게 노느냐고. 나는 야단을 맞으면서도 무한정 한가하게 이야기하면서 놀고 싶다. 주님이 누리라고 만들어 주신 '이 고운 산야에서' 맘껏 한가하고 싶다. 그리하면, 황성 옛터 같은 내 심신이 쉼을 얻으리라.

그다음 날도 우리 일행은 서 선생님 과수원으로 갔다. 영암의 신지식인 최 선생도 함께.

명산 월출산이 있는 영암에는 인물도 많고 갈 곳이 많았지만, 그 감나무 과수원보다 더 사람들의 속 이야기를 끄집어내는 데 적합한 장소는 내게 없으리라.

젊은 최 선생과 함께하니 대화는 활기를 띠면서 젊고 풍부해진다. 다양해진다. 대화는 깊어져서 서 선생님의 인생 역정도 듣게 된다. 난관에 부딪힐 때마다 용기와 결단으로 그 난관을 돌파하는 저력은 그의 반석 같은 믿음에 근거하고 있었다.

영암의 정신적 영적 지도자들과 함께 보낸 하루. 마주 앉아 얘기하는 것만으로도 기쁨이요, 감사인 가을날.

'이 고운 산야에서' 나눈 대화들이 나는 벌써 그리워진다.

영암의 신지식인

영암에서 며칠 묵는 동안 한 이틀, 영암의 신지식인 최 선생과도 만났다. 오래전에 영암 무슨 기자(記者) 클럽에서 그를 보았다. 추운 겨울날, 야외 행사장에서 회원들이 점심으로 갈비탕 드는데, 식사 중에 그는 강단으로 나가 무슨 내용을 보고하고 온다. 먹다 만 갈비탕은 싸늘하게 식고. 그는 돌아와서 그 남은 음식을 다 먹는다. 쌀 한 톨 아끼는 농민의 심정 아니면 그걸 어찌 먹을 것인가. 그 뒤 나는 그를 존경한다.

그는 어머니 간병하다 결혼도 늦어지고 있다. 전에 한번 내가 어머니 간병보다 결혼이 더 중요하지 않느냐고 하니, 어머니 간병이 먼저라고 한다. 영암엔 친구가 없어 먼 곳까지 가서 만난다고 하는 저 신지식인에게 친구가 될 아내가 있었으면! 이웃 주민과 쓰레기 수거 문제, 환경 오염 문제로 갈등도 겪는다는데, 그런 갈등을 함께 견뎌 줄 아내가 있었으면…! 철저하게 무능한 신지식인 내 아버지가 살아내신 건 내 어머니인 아내가 있었기 때문이다.

2부

그 아픈 시간에

그 아픈 시간에

요새는 병원에 가는 친구나 친지가 늘어난다.

오늘도 남편과 같이 병원에 들른 친지가 문자를 보냈다.

남편이 폐암으로 항암 치료 받는 그 아픈 시간에. 그 아픈 시간에.

"작가님, 5월의 태양이 눈이 부시네요. 오전에 병원 진료하러 왔어요. 절차를 밟고 나면 한 시간 30분이 쉬면서 기다리는 시간입니다. 창밖을 바라보며 소파에 앉아 작가님 생각나서요. 모든 것 챙겨 주신 그 손길에… 언제나 주님께 감사드리면서… 늘 이슬이 눈을 적십니다…."

"더 힘이 못 돼 드린 것. 가슴이 아픕니다…."

나는 그에게 더 할 말이 없다. 멍하니 앉아만 있다.

사람인 내가 지금 그에게 위로할 무슨 말이 있겠는가.

주님, 도와주소서!

기형도의 시

기형도 시인, 그가 간 지 30년. 오늘 "신화에서 역사가 된 그를 기억한다"는 신문 기사를 본다.

"…유고 시집 《입 속의 검은 잎》(문학과 지성사)을 냈다. 이 책은 청춘의 필독서로 꼽히며 지금껏 30만 부 넘게 찍었다. 500권이 넘는 문학과지성사의 시인 시리즈 중 가장 많이 나간 시집이다."

〈엄마 걱정〉이라는 그의 시를 옮긴다.

> 열무 삼십 단을 이고 / 시장에 간 우리 엄마 / 안 오시네, 해는 시든 지 오래 / 나는 찬밥처럼 방에 담겨 / 아무리 천천히 숙제를 해도 / 엄마 안 오시네, 배춧잎 같은 발소리 타박타박 / 안 들리네, 어둡고 무서워 / 금 간 창틈으로 고요히 빗소리 / 빈방에 혼자 엎드려 훌쩍거리던 // 아주 먼 옛날 / 지금도 내 눈시울을 뜨겁게 하는 / 그 시절, 내 유년의 윗목

노병사(老兵士)의 집

요양원 '노병사의 집'으로 가는 춘천행 전철에 앉아 있다. 전철 안에서 어떤 초로의 남자가 내게 어디 가느냐고 묻는다. '노병사의 집'이라는 요양원에 간다고 하니 "요양원 하는 사람들 다 사기꾼이에요. 조심하세요…" 하면서 나에게 요양원 운영자에 대한 온갖 험담을 늘어놓는다. 나도 분연히 대답한다.

"요양원이 다 그런 것 아니에요. 내가 지금 만나러 가는 '노병사의 집' 원장님은 얼마나 정직하고 깨끗한지 몰라요. 요양원에 자기 집도 다 바쳤다니까요." "…."

한두 사람 때문에 많은 사람들이 욕을 먹는다. 내가 찾아가는 요양원 원장님의 신앙 인격을 나는 철통같이 믿는다. '노병사의 집은 그런 요양원 아니야' 하면서 청평역에 내린다.

목적지에 도착해서 보니, 1, 2층에 23명의 환자들이 입소해 있고 원장, 간호사, 조리사, 요양 보호사 등 열세 분이 돌보고 있다. 시설을 대강 둘러보고, 오후에는 요양원 직원

열세 분과 하나님 말씀 나누고, 10여 년 만에 만난 신 원장님과도 얘기를 나눈다.

그는 미혼(60대 후반)으로 서울에서 목회하다가, 뜻이 있어서 '노병사의 집' 요양원을 설립했다(2007년). 부모에게 유산으로 받은 서울의 좋은 집 한 채도 드려서. 그동안 온갖 고비 다 넘기고 이제는 좀 안정이 된 상태. 지금까지 원장님은 47명의 임종 예배를 드렸다. 원장님이 무심결에 내뱉는 한마디가 그의 삶을 다 말해 준다.

"원장은 시체 치우고, 요양사들은 똥 치우고…."

요셉이 애굽 시위 대장 보디발 집에서 종살이할 때, 가장 어린 노예(17세)로 가장 천한 일을 했다. 그 천한 일을 성경은 히브리 원문으로 '샤레트', 대제사장이 성소에서 행하는 거룩한 일이나 같은 '샤레트'라고 기록했다고 한다. 그러므로 '노병사의 집' 원장, 요양사들이 시체 치우고 똥 치우는 일은 거룩한 일이다.

죽어 가는 노약한 생명들을 보살피면서 복음을 전하는 거룩한 이름을 한 사람씩 불러본다. '신옥순, 전준식, 김송, 김덕자, 남궁연숙, 이순희, 허순분, 양수선, 이길순, 곽복순, 최분자, 김영례, 이인순.'

2019년 '노병사의 집' 표어가 식당 전면에 크게 써 붙여져 있다.

"너희 이름이 하늘에 기록된 것으로 기뻐하라"(누가복음 10:20).

앵두로 쓴 동화

순천 내 숙소로 남영희 님이 찾아왔다. 그는 포항 명애 님에게 소개받은 독자. 그는 정확하고 완벽한 준비로 나를 방문했다.

나는 고달픈 나그네 여정이어서, 그를 맞이하는 데 소홀하지 않았나 하는 아쉬움이 있다. 더구나 내가 그에게 며칠 뒤 다시 순천 숙소로 돌아온다고 하고, 일정을 바꿔 서울로 와 버렸다. 경황 중에 그 사실을 영희 님에게 알리지도 못하고.

그날, 내가 순천 숙소에 있으리라 믿고 영희 님은 친구 두 분과 나를 만나러 오려고 했다. 고목 앵두나무에서 딴 싱싱한 앵두를 가지고.

잔뜩 실망한 그에게 내가 사과하면서 말한다.

"미안해요. 일정 바뀌진 것 못 알려서요. …그럼 그 앵두 서울로 보내 주세요."

영희 님은 앵두가 외롭다고 몇몇 친구랑 함께 보냈다. 그 몇몇 친구들은 그대로 두고 간단한 답신만 보낸다.

"저녁 여덟 시 좀 지나서 선물 상자 받아서, 정신 놓고 있습니다. '산(山) 앵두' 하늘에서 따 온 신비한 홍구슬! 오래 보면 사람 때가 묻을 것 같아 얼른 비밀 상자에 숨기듯, 뚜껑 닫아 냉장고에 넣었습니다. 홍구슬에 홀려 함께 온 앵두 친구들은 못 보고 있습니다."

"와, 선생님의 아름다운 표현에 가슴 벅차고 깜짝 놀라며 행복해집니다. 홍구슬이 제 주인을 만나 참 좋습니다…."

앵두로 쓴 동화 같은 얘기가 우리의 저녁 한때를 즐겁게 한다.

다사다망(多事多忙)한 남영희 님

순천 강 여사 댁에서 남영희 님을 처음 만나는 날.

영희 님 전화 받고 나는 숙소 방문 밖으로 나가서 기다린다. 몇 분 늦겠다는 그의 전화가 오고, 약속한 시간에 정확하게 그가 온다. 그가 복도를 걸어오는 모습을 본다. 두 손에 뭘 무겁게 들고.

우주의 일꾼이 일감 가지고 지금 막 지구라는 대지에 한 걸음씩 내딛는 모습이다. 이 대지에서도 일하려고. 그가 못해 낼 일은 없을 것 같아 보인다.

어머니라는 이름으로 사는 여인들에게 무슨 못할 일이 있겠는가만 그의 현실적인 능력을 비현실적인 정서가 뒷받침해 주고, 거기에 예수님 사랑이 더해져서 만나는 사람과 좋은 관계를 많이 가지는 것 같다. 그를 안 겪어 봤지만 내가 본 처음 인상이 그렇다는 것이다.

그는 가정, 교회, 직장 일로 바쁘다. 아들이 대학교에서 장학금 받으면 그 대학에 선물을 가지고 가서 인사하는, 다사다망(多事多忙)한 여인이다.

어렸을 때, 집 모퉁이 햇살 잘 드는 쪽에 놓인 긴 나무 의자에 앉아서 책 읽던 이야기도 구수하게 해 주시는 영희 님. 그는 또 유명 축구 선수 '기○○ 선수 이모'라고도 부른다.

그를 만나 보니 '생명 살리는 대지의 어머니'라는 이미지가 워낙 강해서, 어느 축구 선수의 이모라는 호칭은 내 의식에서 말끔히 지워진다. 그는 내게 생명을 살리는 어머니 남영희 님으로 남아 있다.

칠보 가는 버스 안에서

순임 님 집으로 가려고 칠보행 버스에 올랐다. 버스비 천 원을 요금함에 넣으려고 하니, 투명하고 흰 플라스틱 요금통이라 돈 넣는 조그만 입구가 잘 안 보인다. 두리번거리니, 버스 기사가 핀잔한다. “여기, 여기, 안 보여요? 눈은 뭐 하러 달고 다녀요?”

기사의 무례한 말을 참고 자리에 앉는다. 멀미가 걱정이 된 나는 순임 님한테 전화한다. “칠보까지 얼마나 걸려요?” 갑자기 기사가 끼어든다.

“종점이요 종점.” 멀미를 잘하는 내가 알고자 하는 것은 거기까지 버스로 걸리는 시간이지, 거기가 종점이냐 아니냐는 아니다. 기사는 내 의중도 모르면서 자기 멋대로 끼어들어서 참견한다. 불쾌한 나는 순임 님에게 가만히 말한다.

“정읍 기사님들 참 불친절하네요.”

내 얘기를 들어 버린 기사가 또 시비를 건다.

“당신이 요금통에 돈을 못 넣고 있으니까, 눈은 멋(뭣) 할려고 달고 다니느냐고 내가 한 말이 틀렸소? 그랬다고 불친절해요?" 내가 정읍 기사님들 불친절하다고 싸잡아서 말한 건 내 잘못이라, 뭐라고 대꾸하면 싸울 것 같아서 "기사님 친절해요. 제가 잘못했네요" 하자 조용해진다.

한 40여 분을 달리는 버스 속에서 나는 심각하게 갈등한다. 버스에서 내릴 때 기사에게 인사를 하고 내릴까 말까? 누군가에게 나에 대한 미움이나 원망을 품게 하고 내리면 안 되지. 주님이 기뻐하시지 않고 뭣보다 내 맘이 두고두고 불편하다.

그래도 뭣보다 어려운 건, 지금 내 맘으로는 고운 인사가 안 나온다는 것. 내 맘을 죽이고 예수님 맘으로, 예수님 사랑의 맘으로 바꿔져야, 그에게 진심으로 고운 인사를 할 수가 있다. 내 옛사람이 죽고 새사람이 되어야 한다. 일상의 삶에서 내 옛사람이 죽고 예수님 사랑으로 거듭나는 것, 그것도 부활이다.

얼마 뒤 버스에서 내릴 때 나는 예수님의 마음으로 기사님한테 진심으로 따뜻하게 인사한다. "기사님 수고하셨습니다. 감사합니다." 기사님은 깜짝 놀라서 "아니 아니 예에 예에…", 내 인사에 전염이 되었는지 뒤따라 내리는 어떤 아저씨도 "기사님 수고하셨습니다" 하고.

나는 옛사람이 죽고 새사람 되어서, 하늘을 걷는 마음으로 사가마을로 가는 택시에 올랐다.

외나로도에 가서_ 내가 천천히 운전할게요

외나로도는 고흥 남쪽에 있는 섬. 지금은 육지와 이어져 있다. 나는 왜 그곳에 가고 싶어 할까? 그곳에 갑숙 님이 살고 있기 때문이다. 전주에서 살다가 작년에 이사 가셨다. 비행기나 타면 모를까, 갑숙 님 만나러 외나로도에 가기를 포기하고 있었다. 가는 길이 하도 구불구불하다고 해서 멀미가 날까, 겁이 나서.

그런데 전주 김 목사님이 "외나로도에 가시지요. 천천히 운전하면 돼요" 하신다. 그 말씀에 감격해서 이번에 외나로도에 다녀왔다. 멀미도 않고.

인생에 못 가는 길이 있을까? 길은 만들면 된다. 사막에도 정글 속에도 새 길을 내면 된다. 앞길이 막히면 옆길, 뒷길도 있고 바다, 하늘 위에도 길이 있다.

'사막에 샘이 솟아나리라.'

사막에 샘도 솟아나는데 사막에 길을 못 내겠는가.

전주 김 목사님은 내 인생 여정에 외나로도라는 한 길을 새로 내주셨다. 나도 만나는 이웃에게 그가 가고자 하는 곳을 찾아가도록 도와줘야 한다.

그에게 맞는 방법으로. 김 목사님이 내게 하신 것처럼. '천천히 운전해서.' 이 대목이 중요하다. 그 사람의 특질, 형편에 맞춰서 천천히 운전하면, 천천히 도와주면 된다.

그가 인생길 멀미하지 않고, 헤매지 않고, 그가 가고자 하는 목적지에 잘 도착하도록 도와주면 된다. 섬겨 주면 된다.

외나로도에 가서_ 문 선생님

갑숙 님 남편인 문 선생님을 가까이서 본 건 이번이 처음이다. 전주에서 두어 번 먼발치에서 스쳐 가듯 뵈어서 어떤 느낌을 가질 정도는 아니었다. 이번에 외나로도에 가서 그의 안내로 근처 편백림에도 가고, 쑥섬에도 가면서 그를 가까이서 보게 되었다.

몇 날 며칠을 봐도 그 사람 속내를 잘 모를 수도 있다. 그러나 문 선생님의 결정적인 한마디가 그의 내면을 많이 알게 했다. "책(기일혜)을 받아서 앉은 자리에서 다 보았습니다." 이 한마디가 내겐 그를 다 말하는 것 같다. 독서력, 집중력이 대단하시다. 더구나 그 책 저자인 나에게는 최선의 위로가 아닌가. 그는 아내 얘기가 책에 나왔을 때 가족 파티도 해 주시는 멋을 아는 남편이다.

그의 다정다감하면서도 절제된 성품은 아내인 갑숙 님의 진중함을 부드럽게 싸안아서 인도하신다고나 할까. 그 댁 며느님과 한 집에서 같이 살 때, 며느님은 가끔 시아버지인 그의 목을 끌어안으면서 아빠, 아빠 했다고 하니, 구부간이 아니라 부녀간 같다. 갑숙 님은 '나는 그런 것(끌어안는 일) 싫어해서 안 해요' 하시고. 그런 갑숙 님도 매력 있다. 주님이 창조하신 그 모습대로 사는 것이 아름다움이다.

시아버지는 며느리의 감성이나 어리광도 받아 주시고 시어머니는 며느리의 이성(理性)을 건전하게 키워 주시고. 균형과 조화를 이룬 가정이다. 이런 가정이 이 사회의 근간을 이루는 빛과 소금 가정이다.

외나로도에 가서_ 쑥섬에서 들은 막간의 얘기

외나로도에서 배로 5분쯤 가면 쑥섬이라는 섬이 있다. 섬 주인인 고채훈 대표가 흰 소독복을 입고 쑥섬의 나무와 화초들을 소독하는 모습이 보인다. 해풍이 선선하게 불고 맑은 햇살과 미세 먼지도 적은 이 깨끗한 섬에서 자라는 나무나 화초에도 해충이 생기다니. 이 깨끗한 섬의 나무나 화초에도 소독이 필요하듯이, 정결한 영혼도 늘 성령의 빛으로 조명해서 정결을 유지해야겠구나.

맑은 하늘과 고운 꽃들, 푸른 바다가 어우러진 대자연의 아름다움을 보자, 동행한 김 사모와 갑숙 님의 찬양이 자연스럽게 흘러나온다. 두 소프라노가 쑥섬의 간이 무대에서 부른 찬송이 온 우주에 울려 퍼진다.

"주님의 높고 위대하심을 내 영혼이 찬양하네…."

잠시 쉴 때, 막간을 이용해서 김 사모가 들려준 얘기가 우리 정신을 번쩍 들게 한다. 독일의 어느 미래학자가 한국이 장차 20년(?) 뒤 세계 5위 강국이 될 것이라는 예견과 함께, 그 원인의 하나로 한국 기독교인 특히 세계 각국에 흩어져 있는 많은 한국 선교사를 들었다고 한다. 한국의 기독교 선교사 파송은 인구 비례로 세계 1위라고 한다.

어느 미래학자의 말을 믿는 건 아니지만 한국에서 기독교인이나 파송 선교사의 위치는 막중하다는 것을 실감한다. 어느 시대나 하나님의 자녀는 그 시대의 등불이요, 길잡이다. 남 얘기를 할 게 아니라, 나 하나라도 일상의 삶 속에서 등불이요, 길잡이가 되는 삶을 살아야 한다.

외나로도에 가서_ 문 선생님 부부의 결혼반지

문 선생님 부부가 만든 아름다운 뒤뜰이 있는 집에서 보내고 있는 저녁이었다. 외나로도 남광교회 목사님 내외분도 오시고.

첫째 날 저녁은 그곳 분들과 대화의 문이 열렸다면, 둘째 날 저녁은 다음날 새벽 3시 반까지 속 깊은 얘기들을 쏟아 놓았다. 밤참을 먹어 가면서 내 심중을 털어놓고, 남의 심중을 받아들이고. 비우면서 채워지는 게 대화의 묘미가 아닌가.

강사로, 작가로 돌아다니면서 밤늦도록, 날이 새도록 '남 얘기 들어주고 내 얘기 들려주는' 게 내 일. 그 밤, 이야기의 백미는 문 선생님 부부의 결혼반지다.

문 선생님은 못사는 남동생 도와주려고 아내 몰래 결혼반지를 팔고, 아내 갑숙 님은 다른 시동생 돕느라고 남편 몰래 결혼반지를 팔았다.

어느 시동생이 외국 나가서 번 돈을 든든한 형수(갑숙 님)에게 맡긴다. 그 돈을 다른 시동생이 알고 쓸 데가 있다고 사정하니까, 형수는 그 돈을 빌려준다. 돈 주인이 외국에서 돌아오면 갚으라고 하면서. 얼마 뒤, 형수 믿고 돈 맡긴 시동생이 외국에서 돌아왔다. 그런데 돈 빌려 간 시동생은 형편이 어려워져서 갚을 수가 없고.

그러자, 시동생 돈 맡았다가 빌려준 형수(갑숙 님)가 책임진다. 남편 몰래 결혼반지 팔고 더 보태서 다 갚는다. 형수가 남편 몰래 결혼반지 팔아서 시동생 빚 갚아 줄 수 있을까? 근래에 못 들어 본 얘기다.

집안을 조용하게 평안하게 하려는 큰 형수의 어머니 같은 마음은 예수님 같은 마음이다. 비록 그 부부의 결혼반지는 없어졌지만, 그들 부부의 가슴에는 어느 보석 반지가 기념하지 못하는 '신뢰'라는 굳건한 믿음을 서로 간직하게 되었을 것이다.

외나로도에 가서_ 일을 다스리는 사람

무슨 일을 할 때 보면 두 부류의 사람이 있는 것 같다. 그 일을 잘 다스려서 해내는 사람이 있고, 그 일을 해보기도 전에 겁부터 내고 피하는 사람이 있다. 갑숙 님은 전자에 속하고 나는 후자에 속한다. 어디까지나 내 생각이지만.

그 일의 특성을 알고 일하는 순서를 알고 나면, 그 일을 다스릴 힘이 생기지만, 알아보지도 않고 예감으로 두려워하면 어렵고 힘들어진다.

갑숙 님은 그렇게 일의 속성과 해결 방법을 알고 일을 다스리면서 한다. 나는 예감으로 미리 지쳐서 일의 순서도 특성도 생각 안 나고, 불안한 예감에 시달리느라고 다스리기는커녕 일에게 지배당하고 만다.

갑숙 님이 주방에서 음식 만드는 걸 잠깐 보니, 기계처럼 착착 진행. 음식 재료의 특성을 알고, 만드는 방법 알고, 숙달된 빠른 손놀림으로 착착 진행만 하면 된다.

나는 식재료만 봐도 겁을 낸다. 어려서 큰 상어를 요리하는 어머니가 신기해 보였다. 저 무섭게 생긴 꺼끌꺼끌한 걸

뜨거운 물 부어서 껍질 착착 벗기고. 나는 상어를 보는 것도 무서워서 바로 쳐다보지도 못했다. 저 괴물같이 생긴 상어가 갑자기 살아나서 내게 덤벼들지도 모른다는 공포감으로 떨고 있으니.

'갑숙 님은 식재료에만 민감한 게 아니고 사람 마음에도 민감하시다.'

음식 잘하는 사람들 보면 사람 마음은 잘 살피지 못하는 경향이 있다. 음식 못하는 옆에 있는 사람들을 무시하고 다치게 한다. 그래서 나는 뭘 잘하는 사람들을 멀리한다. 그런데 갑숙 님은 음식도 잘하고 사람한테도 잘하고. 이것이 갑숙 님이 남다르게 고귀한 점이다.

외나로도에 가서_ 면(面) 체육대회

갑숙 님이 전주에서 고흥 외나로도로 이사 가셨다. 얼마 안 된 봄날, 면 체육대회가 있었다. 그날은 쌀쌀해서 체육대회에 참가한 동네 할머니들은 추워서 몸을 떤다. 이걸 본 갑숙 님은 곧 집으로 가서 두툼한 점퍼, 코트, 털스웨터 등 집에 있는 겨울옷을 일고여덟 벌이나 꺼내서 차에 싣고 와서 동네 할머니들에게 입힌다.

"그 옷들 하루 종일 먼지 뒤집어썼으니, 그것 또 빠시느라 얼마나 고생하셨어요?"

내 말에 갑숙 님은 웃기만 하면서 "다 빨았지요…" 한다.

그중 몇 벌은 아마 세탁소로도 갔을 것이다.

내가 외나로도로 이사 갔다면 면 체육대회에는 참가도 안 하고, 참석했다고 해도 날씨 추우면 내가 먼저 집으로 와 버릴 것이다.

집에 있는 두툼한 겨울옷, 있는 대로 꺼내다가 동네 할머니들에게 입혀 드릴 생각은 꿈에도 못했으리라.

외나로도에 가서_ 사람이 먹어도 괜찮은 커피

순천 내 숙소에 김 목사님 내외분이 오셨다. 나와 동승해서 외나로도에 가려고.

숙소 주인 내외분이 댁에 있는 커피 봉지들을 내놓는다. 그중 하나를 내가 들고 보니 알 수 없는 영어로 써 있어서, 커피 박사인 김 목사님에게 묻는다.

"이게 무슨 커피라고 씌어 있어요?"

"먹어도 괜찮은 커피라고 써 있네요."

"그래요. 하하하…."

내가 한바탕 크게 웃자, 처음 만나서 약간 서먹하던 주인과 손님 사이가 확 어우러진다. 사람 사이의 낯섦이나 어색함, 긴장을 풀어 주는 말 한마디는 양약과도 같다.

외나로도에서도 내가 무슨 일로, 새 양말에 씌어 있는 영어를 보이면서 "여기 뭐라고 씌어 있지요?" 하니, 김 목사님이 대답하신다.

"신어서 편안한 양말이라고 써 있네요."

나는 또 막 웃는다. 막 웃는 웃음보다 더 좋은 보약은 없다.

외나로도에 가서_ 주님이 보낸 특파원

어제 아침(5월 20일) 외나로도 갑숙 님에게서 전화가 온다.

“선생님(기일혜)이 독후감 말하라고 해서요. 책을 받고 처음에 한 번 다 읽었는데, 또 한 번 천천히 읽었지요. 다 읽고, 하나님이 선생님을 특파원으로 보내시는구나. 선생님은 좋은 이야기를 발견해 내서 꾸미지 않고 진실하게 감동을 주는 메시지로 만드는구나 했어요….

선생님과 같이 먹고 자고 하면서 선생님의 진면목을 보았어요. 요새 기독교계도 안 좋은 소식이 많은데, 선생님은 전국 구석구석에 숨어 있는 굿 뉴스를 발굴해 내는 특파원이어요.”

“참 좋은 표현이네요, 주님이 보낸 굿 뉴스 특파원. 세상에서 가장 좋은 굿 뉴스는 복음이지요.”

“하나님이 세상을 이처럼 사랑하사 독생자(예수님)를 주셨으니 이는 그를 믿는 자마다 멸망하지 않고 영생을 얻게 하려 하심이라 하나님이 그 아들을 세상에 보내신 것은 세상을 심판하려 하심이 아니요 그로 말미암아 세상이 구원을 받게 하려 하심이라"(요한복음 3:16~17).

나는 이 복음을 삶으로 쉽게 이야기하러 다니는 복음 이야기꾼이다. 우리는 다 주님이 이 땅에 보내신 복음의 특파원. 문 선생님, 갑숙 님은 주님이 외나로도로 보내신 복음의 특파원이고. 특파원은 목숨 걸고 전장에도 가고 오지에도 가서, 그곳의 진실을 그대로 전하는 사람이다. 사명을 목숨보다 앞세우는 사람이다. 내 힘으로는 감당할 수 없는 일이다. 우리의 창조주시요, 아버지이신 주님이 도와주신다.

외나로도에 가서_ 갑숙 님의 이웃사촌

갑숙 님이 고흥 외나로도에 정착하기까지는 큰 고비가 있었다. 지금은 여러 가지 채소와 과일나무, 꽃나무들이 풍성하게 자라는 뒤란의 넓은 텃밭, 동산이 되었지만 처음엔 잡목, 칡넝쿨, 잡초로 우거진 야산이나 다름없었다. 이것들을 다 쳐내고 개간해서 밭으로 일구는 데 몇 달이 걸렸다.

어느 분의 소개로 어쩔 수 없이 그 집을 구입해 놓고 오래 돌보지 않았더니 집안은 전기, 수도도 끊겨서 정리 작업하는 몇 달 동안에도 겪는 불편이 형언할 수 없을 정도. 오죽하면 그만두고 가 버릴까 하는 생각도 했다.

그러나 그때마다 내 집 물처럼, 내 집 전기처럼 쓰게 하고 소소한 필요를 보충해 주고 숙식까지도 도와주신 이웃이 있었기에, 그곳에 마음 붙이고 안주하게 되었다. 어느 곳에 정착하는 데 가장 중요한 건 그곳에 사는 사람들의 인심이다. 그런 도움을 멀리 있는 자녀가 주겠는가, 형제가 친구가 주겠는가.

갑숙 님 옆집에 사시는 믿음의 식구들 그리고 교회 목사님, 동네 이장님이 내 일처럼 거들어 주셨기에 갑숙 님의 외나로도 정착이 가능했다.

"네 이웃을 네 자신같이 사랑하라."

갑숙 님 이웃 분들은 주님 말씀대로 사시는 분들이다. 그들은 갑숙 님의 이웃사촌이 아니라 갑숙 님의 지체(肢體) 같은 분들이다. 그들은 주님 안에서 사촌(四寸) 아닌 무촌(無寸)이다. 잠언 27장에 이런 말씀이 있다.

"네 친구와 네 아비의 친구를 버리지 말며 네 환난 날에 형제의 집에 들어가지 말지어다 가까운 이웃이 먼 형제보다 나으니라"(잠언 27:10).

누가 내 집에 오겠다고 하면

양평 서후리의 고 선생 전화다.

“선생님 오늘 오전에 집에 계시지요?”

“예에 그런데 내가 김장(봄) 하느라고 지금 배추 씻고 있는데….”

“저 그럼 옆에 앉아서 얘기만 할게요.”

“그럼 오셔요.”

나는 배추 씻고 고 선생은 옆에 앉아서 배추 씻는 걸 보면서 차 마시고 얘기하고. 가족 같다. 일하는 내 옆에서라도 차 마시면서 얘기하겠다는 고 선생 마음이 어여쁘다. 전보다 더 가까이 느껴진다. 점심은 라면을 끓여서 먹고.

우리 집 오시겠다는 고 선생 전화에 ‘나 오늘 김장하니까 안 돼요’, 옆에 다른 사람이 있는 것도 신경 쓰이니까 오지 말라고 할 수도 있다. 그렇다면 예수님 말씀에 어긋나는 삶이다. ‘예수님의 영성은 일상에 뿌리박은 영성이다.’ 일상의 평범한 삶을 예수님처럼 살아야 한다.

누가 내 집에 오겠다고 하면 오시라고 하고.

화장지와 손수건

이번 5월에도 일본 손님들 여섯 분이 오셨다. 점심은 밖에서 들고 우리 집에서 다과를 드는데, 그들은 어디에서도 화장지를 거의 안 쓴다. 작년에 오신 일본 여인 네 분도 화장지를 쓰지 않고 자기 손수건을 쓴다.

얼마 전 '플라스틱의 습격'이라는 두려운 TV 프로가 있었다. 다른 일 하면서 보느라고 제대로 못 봤지만, 미국 어느 대학에서 실험한 결과 생수 열 병 중 미세한 플라스틱 조각이 검출 안 된 생수병은 둘(?) 정도라고 하던가.

아무튼 바다에 떠다니는 플라스틱은 오랜 세월이 지나면 육안으로 볼 수 없을 정도로 잘게 부서져서, 우리가 매일 마시는 생수에도 들어간다는 말이다.

그런데 오늘 조간신문에 '플라스틱에서 오일 뽑는다, 재활용 혁명'이라는 제목이 신문 1면에 크게 실렸다.

독일 어느 화학 기업 전략 책임자는 "화학이 야기한 문제는 화학이 해결할 수 있다고 믿는다"고 했다.

하나님이 창조한 이 지구는 하나님 손에 맡겨야 한다.

사람을 만드신 하나님은, 사람을 통해서 사람 살리는 새로운 일을 하실 것이다. '아니 하실 수도 있고.'

그래도 우리는 주님이 창조한 이 우주를 더럽히는 플라스틱, 비닐봉지의 사용을 줄이는 대결단을 내려야 한다. 나무로 만든다는 화장지도 아껴 써야 하고.

공중 화장실에서 화장지를 풀어서 손등이 두툼하도록 많이 감아 가지고 쓰는 사람을 보면 나는 가슴이 답답해진다.

냉커피 드세요

아주 무더운 여름 아침이다. 남편이 선풍기, 에어컨, TV를 켜도 작동이 안 된다.

집 안의 전기를 다 점검하고 다닌다. 벽 전기 선(線)만 안 들어온다. 관리실로 연락한다.

기사님이 와, TV 뒤에 있는 복잡한 선들을 살피면서 무얼 바꿔야 한다고 하는데, 말을 약간 더듬고 반복하는 것 같다. 기사님이 약자로 보이자, 내 마음이 가면서 얼른 묻는다.

"냉커피 드시겠어요?"

"예."

지난 몇 년 동안 나는 냉커피를 만든 적이 없어서, 기억을 더듬어 냉커피를 만든다. 커피와 얼음을 가득 담은 유리컵을 일하시는 기사님에게 드린다.

"맛이 어떠세요?"

"나는 이렇게 물이 많고 얼음도 많은 게 좋아요."

남편에게도 묻는다.

"당신도 드시겠어요?"

"아니."

그 짧은 대답에 아내에 대한 거부감이 약간 들어 있다. 그래도 아내는 웃으면서 한마디 한다.

"기사님, 제가 요 몇 년 동안 남편 위해서는 냉커피 한 번도 안 만들었거든요."

오늘 아침 그 기사님은 남편보다 큰 내 이웃이다.

구 선생님의 용돈

교정 중인 원고(39집)를 받으러 출판사 앞 커피집으로 갔다. 새로 오신 편집실장님과 마주 앉았다. 원고 교정에 관한 일을 마치고 나서, 실장님이 내게 해 준 이야기다.

"90에 가까운 할아버지가 출판사에 와서 선생님 책을 사 가요. 제가 4월 8일 왔는데 그동안 세 번이나 오셨어요."

"그래요…." 그날은 8월 1일이다.

잠시 출판사에 들러, 책 사러 오신다는 그 노(老) 독자에 대해 더 들었다. 양 과장님에게서.

"아아 그 할아버지요. 구자○ 씨. 가끔 와서 책을 사 가요. 1집 《내가 졸고 있을 때》와 2집 《가난을 만들고 있을 때》, 최근에 나온 책들을. 읽을 만한 분에게 나눠 주신대요. 꼭 읽어 보라고 하면서. 전에 교장 선생님이셨고. 부인이 용돈으로 책 산다고 싫어하시나 봐요. 기 선생님 다니시는 교회 근처에라도 가서 한번 뵈었으면 하시더라고요."

그 연세에 용돈을 아껴서 출판사에 가, 내가 좋아하는 책을 사서 나눠 준다는 것. 고귀한 일이다.

선물 이상의 것

오후 다섯 시쯤 현관문을 열어 보니 택배 한 상자가 놓여 있다. 싱싱하고 연한 곤드레다. 펴서 널어놓고 옆집 드리려고 몇 번이나 전화해도 안 받으신다. 곤드레 잘 받던 친구는 허리가 아파서 그거 받아 처리할 수 없다 하시고.

그날 안으로 처리해야 하는 잎채소라 서울 근교 젊은 친구에게 연락한다. 온수역에서 만나자고 약속하고. 받은 곤드레를 반으로 나눠도, 손으로 들 수 없게 무거워서 머리에 이고 지하철에 오른다. 온수역에서 만난 친구는 곤드레 보따리를 보더니 인상이 약간 흐려진다. 머리에 무얼 이어 본 적이 없는 친구는 무거운 보따리를 보자 난감한 모양.

집으로 돌아오면서, 곤드레 보따리 보자마자 흐려지던 친구의 인상이 내내 지워지지 않는다. 집으로 오자마자 나는 곤드레 보낸 시골 친지에게 전화한다.

"조금 보낸다고 하시더니 왜 이리 많이 보냈어요? 너무 많아서 친구 갖다가 주고 왔어요. 내일 집회 가는데 언제 이것 삶아서 다 정리하고… 제 글 안 봤어요? 저는 선물 안

받는다고 했잖아요. 보내시면 안 돼요."

"어쩌까. 선생님 곤드레 갖다 주느라고 힘드셨겠네요. 거기가 멀었어요?"

"아니요. 지하철로 한 30분. 다시는 보내지 마셔요. 당신 형편 다 아는데, 그렇게 많이 보내면 나누기도 힘들고, 요새 사람들은 뭘 많이 먹지도 않고 귀찮은 일은 하려고도 안 해요."

"…선생님 저는 선생님 생각 안 한 날 별로 없어요. 사람들이 절더러 왜 그렇게 선생님한테 빠져 있냐고 그런대요."

"다른 얘기는 하지 마시고, 제 얘기를 잘 들으셔야 해요. 앞으로는 곤드레 절대! 아니 절대라는 말 쓰면 안 되고. 꼭 보내지 마셔요."

"예 알았어요. 안 보낼게요."

나무람과 투정이 섞인 전화를 끝내자, 옆에서 듣고 있던 남편이 나를 나무란다.

"아아니, 그렇게 보내지 말라고 하면 보낸 사람 마음이 어쩌겠는가. 옆에서 듣는 내가 꾸릿꾸릿(부끄럽고 조마조마함)했네. 사람이 그러면 안 돼. 보낸 사람 마음도 생각해야지."

"마음 착한 분에겐 독하게 말해야 해요. 그래야 다시는 안 보내지요."

남편 말을 듣고 생각하니, 내가 크게 잘못했다. 뉘우치면서 여러 가지 생각을 한다. '…선생님 생각 안 한 날 별로 없어요.' 이 말이 두고두고 아프다. 세상에 친구는 나 하나밖에 없다는데… 나는 괴로워한다. 친구가 보낸 곤드레는 선물이 아니다. 내게 보내는 친지의 '온 정성 온 마음'이다. 한 사람의 '온 정성 온 마음'을 거절할 권리는 내게 없다. 받아야 한다. 그건 주님이 그에게 주신 마음이 아닐까.

며칠 뒤, 곤드레 보낸 친지에게 전화로 내 무례를 사과한다. 곤드레는 당신 생명이나 같은 당신 마음인데, 내가 안 받을 수 없다. 앞으로 조금씩만 보내시라고. 나도 내 책을 조금씩만 보낼 테니까. 친지의 마음을 매정하게 끊어 버리는 것보다 이렇게라도 '온 마음'을 서로 주고받으면서 그와 나는 서로 연결하여 주 안에서 성숙되어 갈 것이다.

성경 에베소서의 말씀을 참고한다.

"그(예수)의 안에서 건물마다 서로 연결하여 주 안에서 성전이 되어 가고 너희도 성령 안에서 하나님이 거하실 처소가 되기 위하여 그리스도 예수 안에서 함께 지어져 가느니라"(에베소서 2:21~22).

그와 내가 주고받는 곤드레와 책은 선물 이상의 것.

'온 마음을 다한 성도의 교제.'

그와 나는 서로 연결하여 성전이 되어 가고, 예수 안에서 '함께' 지어져 갈 것이다.

미시즈 일본

오늘, 우리 집에 오신 여섯 분의 일본 손님 중 세 분은 일본 여인이다. 외식을 하고 우리 집에서 다과를 들 때, 사치코 상을 보고 저절로 나온 내 말이 "미시즈 재팬"이다.

연세가 80이 넘었으나 반백의 풍성한 머리, 고아한 자태에서는 귀부인의 품격이 느껴진다. 지난번 일본 갔을 때, 사치코 상 집에 가서 우동 대접 받고 거실에 걸린 그가 그린 그림도 보았다. 그 그림들은 그가 나이 들어서 인터넷으로 배운 그림이라고 한다. 놀라웠다.

오후 다과 시간에 내 수필집(36)에 실린 '사치코 상의 집에서'를 읽어 드린다(김 선교사님 통역). 글 속에 나오는 사치코 상 집 우동은, 같이 사는 여동생이 만든 것이라고 한다.

'보통 때는 잘 안 만드는데, 그날은 시키지도 않았는데 동생이 공들여 우동을 만들었어요.'

그날, 고단한 강사(기일혜)에게 일본 우동 맛보게 하시려고, 주님은 그 일본 여인의 마음을 움직이셨다. 일본 '그 여동생에게' 우동 만들려는 마음 주시는 분도 하나님이시다.

해남 부인의 시(詩)

늦은 아침을 들고 있는데 전화가 온다.

서울 딸네 집에서 외손자 키워 주고 있는 해남 부인(75세, 온유 할머니)이다.

그가 20년 동안 완성하지 못한 시(詩)가 있다고 하면서 내게 불러 준 시구는 이렇다.

"불에 들어가야만 휘어지는 대나무가
어젯밤에 소리 없이 내린 눈에는 이렇게 다 휘어졌구나."

일본 단가(短歌)를 연상시키는 시. 해남 부인의 시정(詩情)이 뛰어나시다.

나는 그의 시 읽은 소감을 한마디로 말한다.

"그 시는 미완성이 아니라 완성이네요."

낮말도 밤말도 하나님이 들으시고

우리 집에 몇 달 만에 오는 정수기 코디 님(40대 후반). 겪어 볼수록 진실하고 성실하다. 그를 처음 만날 무렵, 그의 어머니가 돌아가셔서 그를 위로하느라고 "여자는 모든 산 사람의 어머니이니, 내가 부족하나마 코디 님 어머니 대신 노릇이라도 해야겠네요" 했다.

그 뒤 어느 친지가 공기 청정기를 구입하신다기에 이 코디 님을 소개했다.

"그 코디 님은 믿을 수 있어요. 내겐 딸 같은 분이어요."

그 뒤 친지는 공기 청정기를 중국에서 직구하고 말았다. 코디에겐 미안한 일이었다.

그리고 얼마가 지났을까.

하루는 코디 님이 청소 기구(정전기 흡착 청소포, 물청소포, 밀대) 일체를 사 가지고 나도 없는 우리 집에 놓고 가셨다. 그는 나중에 이런 말을 한다.

"그때 어머니가 아는 분한테 공기 청정기 소개할 때, '딸 같은 사람'이라고 해서 가슴이 뭉클했어요. 남편한테도 말

했어요. 어머니(기일혜)가 아는 분에게 공기 청정기 소개할 때 나를 '딸 같은 사람' 이라고 말하더라고요. 남편도 놀라더라고요."

"그랬어요. 그 말 한마디가 그렇게 뭉클했어요. 남편에게 말할 정도로."

낮말은 새가 듣고 밤말은 쥐가 듣는다더니 코디 님은 일하면서도 내가 친지에게 자기 소개하는 말 다 들었다.

새가 어떻게 사람 말을 알아들을 수 있으며, 쥐가 어떻게 사람 말을 알아듣겠는가. 사람에게 말조심하라는 경고의 속담이다.

그러나 우리의 말을 참으로 다 듣는 분이 있다. 낮말도 들으시고 밤말도 들으시는 분. 우리의 귀를 만드신 하나님은 우리가 하는 말 다 들으신다. 한마디도 안 놓치시고.

어느 신(神)이, 어느 신(神)이

어느 목사님의 설교 말씀을 듣고 나누고 싶어서, 여기에 그대로 옮긴다.

"회심한 어느 유명한 철학자가 이렇게 말했다고 합니다. '어느 신이, 십자가에 못 박혀 죽는 신을 믿으라고 할 수 있느냐? 어느 신이, 자기한테 와서 무릎 꿇어야 하는 신도들을 대신해서 기도하는 신이 있겠느냐? 어느 신이, 모든 것이 합력해서 선을 이룬다고, 자기 앞에 무릎 꿇는 신도들을 격려하겠느냐…?' 사람이 만든 모든 신(神)은 공포스럽고 두렵습니다. 사람이 만든 신(神)은 '네가 내게 비는 것 들어주겠다. 대신 너는 이러이러한 희생을 해라.' 공포스럽기만 합니다. 기독교는 다릅니다. 우리가 믿는 하나님은 우리를 영광되게 하기 위하여 자신의 모든 권능을 아끼지 않습니다. 모든 것이 합력하여 선을 이룹니다. 이 '모든 것' 속에 우리의 병약한 것, 가난한 것, 머리 나쁜 것, 잘난 척하는 것, 우리의 절망, 원망까지 다 들어갑니다."

적극적인 표현이 좋을 때

중국 소주에서 돌아올 때, 질녀가 여러 가지 과자를 준다. 친구에게 드리고 싶어서 전화한다.

"중국 잘 다녀왔어요… 중국 과자 들어 보실래요."

"까자(과자) 애들이나 먹지…."

식성이 단정하고 학처럼 소식하는 친구는 사양하신다. 이웃에 사는 다른 젊은 친구에게 전화한다.

"중국 과자 맛 좀 보실래요?"

"선생님, 네에 좋아요. 얼마든지 가지고 오셔요. 지금 곧 오셔요."

과자보다 나를 만나 보고 싶은 마음이 절절한 음성이다.

중국에서 가지고 온 이것저것을 더 챙겨 들고 부푼 가슴으로 그 댁으로 가면서 생각한다.

'누가 뭘 준다고 하면 뭐든지 좋다고 하면서 적극적으로 기쁨으로 받아야겠구나. 사양하는 것보다 '어서 받고 싶다'는 적극적인 표현이 훨씬 나를 기쁘게 하는구나.'

아직 세상은 따듯하네요

포항 미자 님 댁에 머무르고 있을 때, 새벽 기도회에 갔다 온 미자 님(현수 엄마)이 말한다.

“선생님, 아직 세상은 따숩네요. 같이 새벽 기도 다니는 분이, 현수 오늘 수학여행 간다고 이렇게 글을 써서 주네요. 봉투에 돈도 좀 넣어서….” 내가 받아서 읽어 본다.

“하나님께서 만드신 자연을 느끼며 경험하면서 즐겁고 행복한 수학여행이 되길….” 수학여행 가는 이웃집 아들에게 마음 담아서 글을 쓰고 용돈을 넣어서 주시다니. 짧은 글에 담긴 이숙○ 씨라는 이의 마음이 나에게도 전해진다. 이 복잡하고 바쁜 세상에 새벽 기도회에 가서, 이웃집 아이 수학여행 가는 데까지 마음과 물질을 보내다니.

현수 엄마가 그 이웃에게 ‘따순 마음’을 먼저 보냈기 때문이리라. 미자 님은 포항으로 이사 간 지 한 달 반 정도 되는데 친하게 지내는 사람들이 많다. 천재적인 친화력이다. 친화력은 이웃에게 보내는 관심, 사랑, ‘따순 마음’에서 나온다.

아이 엠 초보(初步)

포항 길거리에서 본 어느 차 뒤에 붙어 있는 알림 글이다. '아이 엠 초보(初步, 나는 초보다).' 보자마자, 내 속으로 하는 말이 '나야말로 늘 인생의 초보다' 하면서 그 말이 내 말처럼 여겨진다.

인간관계에 늘 익숙하지 못하고 초보 단계인 나. 내가 인생살이에 얼마나 자신이 없느냐 하면, 며느리가 결혼해서 처음 우리 집에 온 날, 내가 밥 안칠 때 한 말이 이렇다.

"얘야, 나는 누가 보면 떨려서 밥물도 잘 못 본다. 네가 밥물 좀 봐 줄래."

며느리는 웃고, 그 다음은 어떻게 되었는지 기억이 잘 안 난다.

나는 사람 만나기를 좋아하면서도 만나기를 두려워하면서 떨고 말문이 잘 막힌다.

인간이란 신묘막측하다. 내가 만나는 사람은 신성을 가진 신의 자녀들이다. 떨며 말문 막히는 건 당연하지 않은가. 마른 막대기 같은 나, 지렁이 같은 야곱이라는 말씀도 있다.

사람은 '내가 초보가 아니다. 나는 이 일에 능숙하다'고 생각하는 순간 넘어진다고 한다.

나는 능숙하다, 능력 있다는, 교만한 마음이 생기는 순간, 스스로 높아진 마음이 사물의 진상(眞相)을 정확하게 못 보고, 분별하지 못하고 잘못 판단하기 때문이다. 겸손하게 낮아진 마음으로 보아야 그 사물의 전모 전체를 다 볼 수가 있다.

자기가 조금이라도 높아진 높이에서 사물을 보면, 그 높아진 높이만큼 안 보인다. 부분만 보인다. 부분만 보고 일 처리하면 백발백중 실패다. 교만은 패망의 선봉이라는 성경 말씀에 우리를 위한 주님 사랑의 깊고 깊은 뜻이 있다.

"사람의 마음의 교만은 멸망의 선봉이요 겸손은 존귀의 길잡이니라"(잠언 18:12).

3부

어마어마한 사랑의 빚

경주에 가고 싶은 이유

포항하면 포항제철소와 포항초(시금치)밖에 모르는 내가 포항에 가게 되었다.

미자 님과 명애 님 두 독자를 만나기 위함도 있지만 포항에서 경주가 가깝다는 것도 한몫 거든 것 같다. 사범학교 3학년 수학여행을 경주로 갔는데, 나는 극심한 멀미로 숙소에 계속 누워만 있고, 친구들은 토함산 해맞이, 한국의 최고 예술품인 불국사, 석가탑, 다보탑, 석굴암에 간다고 들떠 있었다.

숙소에서 혼자 누워, 어질어질한 몸으로 쓰러져 있으면서 62년 뒤에, 다시 성숙한 심미안을 가지고 내가 다시 석굴암을 찾으리라고 상상이나 했겠는가.

미자 님 댁에 머무르면서 명애 님의 안내로 경주 유적들을 여유 있게 돌아보았다. 점심 간식을 정갈하게 준비하신, 운전 잘하시는 명애 님 승용차로 편안하고 느긋하게. 지난날의 아쉬움을 새로운 보람으로, 감사함으로 채워 넣으면서.

명애 님

김명애 님은 내 책을 순천 남영희 님에게서 전해 받은 포항 독자이다. 그가 내 책을 감동적으로 읽었다는 얘기를 듣고, 즉시 내 책 한 질을 보냈다. 책을 받고 명애 님은 두 가지 이유 때문에 울었다. 이런 책을 볼 수 있게 돼 감사해서 울었고, 이런 책을 모르고 있다가 이제야 읽게 된 게 억울해서 울었다.

그는 경주에 갔을 때, 경주초등학교 이현주 선생님도 소개했다. 이 선생님을 만나서, 그의 동생이 경영하는 경주 시내 중국 음식점에 가 짜장면, 탕수육도 먹고. 탕수육 튀김옷이 찹쌀가루라 깨끗하고 짜장면에도 채소, 과일이 듬뿍 얹어져, 외국 관광객에게 내놓아도 전혀 손색이 없을 정도.

이 선생님은 포항에서 명애 님과 한 교회에서 신앙생활하다가 경주로 이사 갔다. 순박하고 예스런, 존경스런 이 선생님이 하신 말씀 한마디가 명애 님을 다 말해 준다.

"저는 기도 부탁할 사람이 김명애 권사님밖에 없어요."

석굴암 불상 앞에서 본 여학생들

명애 님의 승용차에서 내려, 한참을 걸어 올라가서 석굴암 불상 앞에 섰다.

내 가슴으로 먼저 들어오는 건 불상의 살갗이다. 땀이 촉촉이 밴 듯, 살갗 밑에서 붉은 피가 뛰노는 듯, 그의 가슴은 살아 움직이고 있다. 얼굴에서는 별다른 느낌을 받지 못했다. 얼굴에 살아 있는 영혼을 새기기란 지난했을 것인가.

한 10여 분 서서 살아 숨 쉬는 불상을 마주하고 있는데, 수학여행 온 여학생들이 떼 지어 불상 앞을 지나간다. 그들은 불상을 보러 온 것인데, 약 4분의 3은 불상을 쳐다보지도 않고 지나가고, 4분의 1은 흘깃 쳐다보고. 두 학생은 불상을 향해서 고개만 끄덕이고 간다.

어쩌려고 이 나라 여학생들은 세계적인 내 나라 예술품을 건성으로 보고 지나갈까. 예술품 보는 안목이 부족하고, 스마트폰 영향도 있는 게 아닐까. 국보 불상을 지나쳐 버리고 나가서, 스마트폰 한다.

이 나라 여학생들을 어찌할꼬.

천마총 유물보다 더 귀한 것

경주 천마총 근처 제과점에서 보리빵을 사 가지고 천마총을 보러 들어간다. 가다가 잠시 의자에 앉는다. 우리 옆에는 젊은 남녀가 앉아 있다. 웬일인지 여자가 청년 곁을 떠난다. 말다툼이라도 했는가. 나는 청년이 안스러워서 여자가 왜 가느냐고 묻는다. “제가 잠시 할 일이 있어서 어디 가서 좀 있으라고 했어요.”

나는 안심하면서 청년에게 보리빵 한 개를 권한다.

옆에 앉은 명애 님이 “이분은 작가 선생님이에요” 하니, 청년이 “예에!” 하면서 깜짝 놀란다. 깜짝 놀라는 청년을 보면서 생각한다. 작가란 사람들이 기대를 많이 하는 공인이구나. 귀감이 되는 삶을 살아야 한다.

한층 무거워진 마음으로 앉아 있는데, 청년이 일어나더니 어디서 나타난 여자와 같이 걷는다. 그리고 내가 준 보리빵을 여자에게 준다.

그 모습이 천마총에서 본 유물보다 더 귀하게 남아 있다. 그 모습 속에는 생명이 들어 있기에. 사랑이 들어 있기에.

미인은 기다려야지요

그날, 나는 명애 님과 경주에 갈 예정이고, 포항 내 숙소 주인인 미자 님은 마침 그날이 노동절이고 결혼기념일이라, 부부 일일 여행 간다고 서두른다.

아침을 든 후, 미자 님 남편이 먼저 밖으로 나간 지 상당히 지났는데도 미자 님이 안 나가고 있어서, 내가 친정 엄마처럼 한마디 거든다.

"미자 님, 남편이 기다릴 텐데요…."

"지금 산책하고 있을 거예요… 미인은 기다려야지요."

담담하게 한마디 하고, 조금 더 있다가 나가는 미자 님. 하늘거리는 실크 원피스 차림. 연한 미색 바탕에 잔 꽃무늬가 그의 날씬한 몸매에서 아련하게 흔들린다.

'연분홍 치마가 봄바람에 휘날리더라.'

누가 〈봄날은 간다〉의 노래 묘미는 '휘날리더라'에 있다고 하던가. 인생은 연분홍으로 휘날리다가 금방 사라지고 마는 것인가.

연한 미색 원피스를 휘날리면서 '미인은 기다려야지요' 도도한 한마디 남기고 나간 미자 님이 그날 저녁 늦게 돌아왔다. 내 방에서 그녀가 돌아오는 줄도 몰랐다.

미자 님은 몸살기가 있다고 누웠다. 얇은 옷이 초봄의 냉기를 막아 내지 못한 모양.

근심이 된 내가 그의 어린 아들(10세)에게 묻는다.

"엄마 많이 아파?"

아들이 대답한다.

"누워서 스마트폰은 할 수 있어요."

나를 꿰뚫어 보는 명선 님의 시선

포항에서 같이 사는, 명애 님 언니는 명선 님이다.

그는 서울에서 직장 다니는 엄마와 떨어져서 어린이집에 다니는 손자 둘을 키우느라 바쁘시다. 명애 님도 가서 거드는데, 그날은 두 자매님을 모두 만나게 되었다.

명선 님은 내 얘기를 듣는 자세가 참으로 특별했다.

내가 누구에게서도 못 본 자세다.

시선을 온통 집중해서 나를 쳐다보는데 내 얼굴에 구멍이라도 뚫어질 것 같다. 그 열중하는 자세가 얼마나 특별했으면, 옆에 앉은 동생 명애 님이 그 모습을 사진으로 찍어서 내게 보냈다.

독특한 인상이나 분위기도 없는 초라한 내 어디가 그렇게 궁금해서, 60대 주부가 몰입해서 나를 쳐다보는 것일까? 그는 뭔가가 다른 부인이라고 생각되었다. 알고 보니 명선, 명애 님 가정은 신앙심 좋은 부모님 밑에서 잘 훈련받으면서 자란 우수 가족이다.

명선 님 오라버니는 은퇴하셨는데 지금 요양 보호사 일

을 하신다. 연만하신 어머니를 간병하려는 의도에서 시작했지만 지금은 불쌍한 남자 노인 환자도 돌보신다.

옛날에 명선 님 아버지는 겨울밤이면 기차역 대합실에 나가서, 한 푼이라도 아끼려고 추운 대합실에서 쭈그리고 자는 가난한 젓갈 장수들을 불러다가 집에서 따뜻이 재웠다.

그 아드님인 명선 님 오빠는 지금 남자 노인으로서 어렵고 힘든 요양 보호사 일을 하신다. 예수님의 사랑으로 노약자를 돌보면서 복음을 전하신다. 지금도 그 자녀들 곁에는 92세의 정정한 기도의 어머니가 계시고.

명선 님의 남의 얘기 경청하는 자세나 시선 속에도, 추운 겨울밤 대합실에 가서 가난한 젓갈 장수들 데려다 잠재운 아버지의 시선이 살아 있다. 그렇게 사람과 사물을 건성으로 지나치지 않고 그 속성과 처지를 꿰뚫어 보는 시선 속에는 예수님 사랑이 녹아 있다. 사람의 깊은 속성은 사랑이기에 사랑하는 맘으로 보지 않으면 보아 낼 수가 없다.

울주군 온양읍 차현주 님

울산시 울주군 온양읍 하발 3길 ○○.

이 주소는 문자 편지와 함께 나를 초대한 차현주 님의(73세 여)의 주소다.

열차 안에서 만난 그와 헤어진 뒤, 그가 보낸 첫 편지 내용은 이렇다.

"안녕하세요. 주신 책 읽으면서 언니 생각 많이 해요. 처음 뵙지만 오래 사귄 분같이 정이 가서요. 시간 나면 한번 오세요. 주소 보내 드릴게요. 건강 잘 챙기시고 행복하세요."

"세상에, 세상에나. 저 같은 걸 언니라고 불러 주시고 주소까지 알려 주시고. 마음은 당장이라도 달려가고 싶습니다. … 뵈러 가도록 노력하겠습니다."

"바쁘신데 감사합니다."

그를 만난 곳은 포항에서 순천 가는 열차 안.

오후 네 시 몇 분에 출발해서 순천에는 밤 열 시쯤 도착한다. 포항에서 내 옆자리에 앉은 차현주 님이 바로 나를 언니라고 부른 분이다. 청결 단정한 차림에 얘기 잘하시고 내 얘기도 잘 들어 주신다.

나는 그에게 아낌없이 다 드리고 싶다는 마음이 생긴다. 그래서 긴 열차 여행에서 들라고, 명애 님이 넣어 준 과일도 꺼내서 같이 먹고. 내가 양말 준비 없이 갔는데, 명애 님이 자기 집에 양말 많다고 세 켤레나 주셔서 현주 님에게 예쁜 걸로 한 켤레 드리고(한 켤레 더 드릴걸). 나중에는 내가 가진 책이 한 권밖에 없는데 이걸 드리느냐 마느냐 갈등하다가 그것도 드리고. 결국은 그 책이 현주 님이 나를 언니라고 부르면서 자기 집에 한번 오라고 한 동기가 되지 않았을까? '주신 책 읽으면서 언니 생각 많이 해요' 했으니까.

예정이지만 9월에 책이 나오면 포항, 울산 갈 때에 울주 가서 현주 님도 만나려고 한다.

기적은 잔치 끝날에 일어난다고 하듯이, 내가 드린 마지막 책 한 권이 귀한 만남으로 이어지게 된다. 내가 가장 귀하다고 여기고 있는 마지막 것을, 그것을 예수님의 사랑으로 드리면 된다. 마지막 남은 책 한 권 드렸더니, 처음 본 울주 부인에게 초대도 받았다.

누룽지 만드는 여인

잡곡밥을 섭씨 220도에서 6분 간 압축하면 고소한 누룽지가 된다. 포항에서 누룽지 만드는 여인(50대)을 만났다. 문예창작과에 가고 싶었지만 형편이 어려워서 못 가고, 다른 직업을 거쳐 지금은 누룽지를 만드는 여성 문학도.

나를 보자마자 눈물부터 쏟아 낸다. 누룽지 만드는 일도 훌륭한 작가 수업이라고 달랜다.

누룽지 공장에서 깨달음이 온다. 인간의 온갖 정욕은 고통과 역경이라는 220도 고열 도가니에 들어가야만 정결하게 되겠구나. 사람이 되겠구나.

"이 세상이나 세상에 있는 것들을 사랑하지 말라 누구든지 세상을 사랑하면 아버지(하나님)의 사랑이 그 안에 있지 아니하니 이는 세상에 있는 모든 것이 육신의 정욕과 안목의 정욕과 이생의 자랑이니 다 아버지께로부터 온 것이 아니요 세상으로부터 온 것이라 이 세상도, 그 정욕도 지나가되 오직 하나님의 뜻을 행하는 자는 영원히 거하느니라"(요한1서 2:15~17).

아아 명숙 님 그리워

한 사람을 만난다는 것은 그의 생애, 그가 만들어 내는 한 세계 우주와 만나는 것이다. 포항 숙소에서 명숙 님 만나러 가는 길. 빙빙 도는 산 구비, 돌 때마다 멀미할까 두려워하는 내게 미자 님이 몇 번이나 반복한다. “선생님, 명숙 님 만나 보면 참 편해요… 참 편해요.”

곤지곤지 식당(포항)으로 들어가니 그가 기다리고 있다. 나를 반기는 미소와 표정, 목소리가 느긋하고 여유가 있다. 편안해진다. 객지에서 오랜만에 맛보는 편안함이다. 우리는 서로 마음이 열리면서 이야기가 술술 나온다. 순천에서 벌 치시는 명숙 님 아버지 이야기가 많이 나오고, 나는 며칠 뒤 순천에 가면 그 아버지를 꼭 한 번 뵙고 싶다고 한다.

명숙 님은 자기 집에 꽃 보러 오라고도 하시고, 다음에 오면 꽃 보러 가겠다, 하고 직장에 간다는 그와 헤어졌다. 그다음 날인가, 무의식중에 나도 모르게 나온 한마디.

“아아 명숙 님 그리워.”

그는 포항 한구석에서 나그네인 내 마음을 품어 주었다.

포항에서 꼭 만나야 하는 사람

포항에 도착한 다음 날, 하루 일곱 번이나 새로운 사람들을 만났다. 강(强) 스케줄이다. 아침 먹고 일찍 만난 사람은 누룽지 가게에서 누룽지 만드는 여인. '이 누룽지 만드는 것도 훌륭한 글쓰기 작업입니다' 격려하고 다음은 빛내리 교회로 간다. 목사님은 내게 자기가 만든 커피와 자기 저서에 사인한 책도 주시고.

그 다음은 한 40분, 승용차로 야산을 몇 구비나 돌아서 가야 하는 '곤지곤지 식당'에서 명숙 님 만나고. 점심 후, 다시 시내 쪽으로 되짚어 와서 명애, 명선 님 만나고.

오후 내내 그들과 이야기하다가 미자 님이 나를 데리고 간 곳은 시내 부동산 중개업소. 맞은편 제과점에서 빵을 사 들고 들어가는 미자 님을 내가 따라가면서 "부동산에는 왜 가요?" 하니까 "사장님(여)이 빗소리를 좋아해서요" 한다.

빗소리 좋아하는 사장님보다 그걸 귀하게 여기고 나를 데리고 가는 미자 님이 더 귀해 보인다.

그 사장님(여)은 비가 오면 나무가 있는 숲으로 잘 간다.

나무에 떨어졌다 다시 땅에 떨어지는 빗소리를 들으려고. 사장님 눈매에 아직도 어려 있는 낭만을 보면서 곱다고 하니, 젊은 날 사진을 보여 주는데 배우 금보라와 고전미 있는 배우 누군가를 닮은 출중한 미모다.

숙소로 돌아오다가 만난 미자 님 이웃 여인. 딸이랑 시장 가는 그 여인과 마주 서서 몇 마디 대화도 나누고. 동행하는 고등학생 같은 따님 미소가 좋아서 더 있고 싶은 마음이 었으나 누르고, 내 책만 사인해서 드린다.

"선생님 빨리 저녁 드셔요."

저녁 후엔 미자 님 아파트 옆 동에 사시는 지영 언니 집으로 갔다. "지영 언니가 누구야?" "피아노 선생님인데 처녀 때 어머니를 요양원 안 보내고 13년이나 모셨대요. 어머니 모시다가 결혼도 늦게 했대요. 선생님 꼭 만나 보셔야 해요. 안 만나면 안 돼요."

헌신한 지영 언니의 그 시절 고충담을 들으면서 목이 타는지, 나는 내놓은 참외를 자꾸 집어 먹고. 그 댁 아이 잘 시간이 늦어지는 것 같아 서둘러서 그 집을 나왔다.

숙소로 돌아와 자리에 누웠다. 오늘 하루, 포항 사람들 참 많이 만났구나. 이렇게 타관에서 새 사람들 많이 만난 하루는 처음이다. 이사 온 지 한 달 반 만에 이 많은 분들을 친구로 섬기다니 미자 님은 인간관계의 달인이다.

강아지도 못마땅히 여기는 걸 안다

어느 친구 집에서 강아지를 키운다.

그 강아지는 자기를 못마땅히 여기는 아들의 구두를 어떻게 알아보고 아들 구두를 어디다 팽개치기도 하고. 어느 땐 아들 배낭을 어디에 처박아 놓기도 하면서 해코지한다.

어느 목사님이 말씀하신다.

"강아지도 자기를 못마땅히 여기면 다 아는데, 사람이 그걸 몰라요. 못마땅히 여기는 것, 그건 참는 게 아니라 처음 사랑을 버린 거지요. 우리가 가족이나 누구를 못마땅히 여겼다면 회개하세요. 남편이 실수한 말 한마디를 두고두고 평생 우려먹고, 화를 저녁까지 가지고 가지 말라고 했는데, 평생 가지고 가요?"

얼마 전까지 내가 가장 안 고쳐지는 일이 남을 못마땅하게 여기는 일이다. 누가 나를 무시해도 그 자리에서 잘 참으면서 못마땅하게 여긴다. 그러면서 내가 참았으니 잘못한 게 없다고, 지금까지 알고 있었다. 언젠가도 썼지만 그때까지 이해가 안 되던 남편 말 한마디를 기억하고, 그 말

왜 했느냐고 몇 번 따진 적이 있다. 얼마 전에 남편 앞에서 그걸 회개하고 지금은 그 사실조차 약간 희미해졌지만.

못마땅히 여기는 마음을 갖고, 남의 실수를 자꾸 되뇌이는 것은 사랑이 아니다. 내가 누군가에게 계속 못마땅한 맘을 품고 있으면 주님이 내게서 촛대를 옮기신다고 한다. 요한계시록의 무서운 경고 말씀이다.

"그러나 너를 책망할 것이 있나니 너의 처음 사랑을 버렸느니라 그러므로 어디서 떨어졌는지를 생각하고 회개하여 처음 행위를 가지라 만일 그리하지 아니하고 회개하지 아니하면 내가 네게 가서 네 촛대를 그 자리에서 옮기리라"(요한계시록 2:4~5).

가족이나 남을 못마땅히 여기는 것은 예수님의 '처음 사랑'을 버리는 것, 내게서 촛대가 옮겨지는 끔찍한 일이다. 가족이나 이웃을 못마땅히 여기는 증오심은 회개해야 한다. 예수님이 내게서 촛대를 옮기시지 않도록.

내가 나에게 하는 경고

"40이라면, 이것은 이미 인간의 온 생애다. 40년 이상 산다는 것은 예의에 어긋나며, 비열하고 추잡하다. 그것은 굉장한 노령이다. 40년 이상 살고 있는 것은 누구냐? 성의껏 정직하게 대답해 보아라. 내가 대답하지. 바보와 건달이 40년 이상 살고 있다."

도스토옙스키의 소설 《지하 생활자의 수기》에 나오는 주인공(24세)의 독백이다.

나는 79세, 6월도 다 가고 있으니, 사사오입하면 80이니 천재 작가의 말에 의하면 갑절로 무례하고 비열하게 오래 산 노령인 셈이다.

성경에는 "백발은 영화의 면류관이라 공의로운 길에서 얻으리라"(잠언 16:31)고 말씀하셨다. 장수하려고 운동, 건강식(健康食)에만 집착하는 노인은 허무한 백발이 되고 말 것이다.

공의로운 삶에서 얻어지는 백발이 영화의 면류관이다. 운동, 건강에서 얻어지는 것이 아니다.

내가 나에게 하는 경고다.

박 서방 멋져!

박 서방은 종희 동생의 하나밖에 없는 사위다.

오랜만에 찾아간 내게 동생은 이런 말을 한다.

"저 하수도가 말썽이네… 박 서방이, 좀 있다 손자가 부활절 휴가 나오면 데리고 하수도 공사 한다고 하네." "휴가가 며칠인데?" "1박 2일." "그런데 하수도 공사를 시켜. 며칠 휴가라면 몰라도. 하룻밤 자고 가는데…."

"군대 가기 전에, 저 방(셋방) 도배도 손자하고 박 서방하고 했어. 종이 사다가… 손자가 그러대. 아버지 방법이 실용적이긴 한데, 모양이 좀 안 나서 젊은 사람은 싫어할 것이라고. 자기가 생각하는 방법하고 다르다고. 그래도 아버지한텐 아무 소리 안 했대…. 나한테만 그러대."

"박 서방은 아들 교육 참 잘 시키고 있네."

"몰라 잘 시키는지 어쩐지…."

귀한 아들 휴가 나오면 맛있는 것 먹이고 쉬었다 가라고 할 것인데, 아버지랑 집안일하면서 책임감도 길러 주고. 갑자기 나는 크게 말한다. "박 서방 멋져! 박 서방 멋져!"

배려하지 못하고 하는 사과

“당신 집에서 까치울(7호선 전철역)까진 한 30분이니… 근처 공원에서 산책하다가 저녁 먹게 나오라고.” 친구의 전화다.

근처 공원은 입장 시간이 지나서, 광장 주차장 옆 나무 밑 의자에 친구 셋이 앉았다. 다른 친구도 왔다. 그는 오후에 웅길산 딸기 축제에 가서 딸기 주스 마시고 왔다.

우리 셋은 보통 소리로 얘기하는데 옆에서 공부하는 여대생(?)이 있다. 스마트폰으로 무얼 보면서 무얼 열심히 적고 있다. 화장기 없는 깨끗한 얼굴인데 공부에 열중하는 진지한 모습이다. 오랜만에 공부하는 여대생 얼굴을 보니 기분이 맑아진다. 얘기하면서 가끔 여대생 얼굴을 보니, 우리 이야기에 전혀 개의치 않는 모습이다

얼마 뒤, 우리가 일어날 때까지 여대생은 공부한다. 내가 여대생에게 ‘공부하시는데 떠들어서 미안해요’ 하려다가 마는데, 웅길산 간 친구가 말한다. “미안합니다. 공부하시는데….” 마음이 놓이면서 상쾌해진다. 배려가 아름답다면 배려 못하고 하는 사과도 아름답다.

친구 셋이 헤어지는 환승역에서

우리 세 친구들은 저녁을 잘 먹고 일어났다.

그리고 근처 7호선 까치울 전철역에서였다. 셋이 승강장 중간쯤에 서 있다. 나는 무심히 서 있고 매사에 정확한, 그날 웅길산 간 친구는 자기가 내려서 바로 계단으로 올라가는 4–4(승강장 표시)에 서 있고. 나를 불러낸 친구는 다음역 온수에서 환승하려면 1–1이 좋다고 그쪽으로 가려고 한다. 내 집 가는 쪽 아니지만 나는 무조건 그 친구 따라서 가려고 하는데, 웅길산 간 친구가 침착하게 한마디 한다.

"나는 4–4가 좋다. 너는 일혜랑 그쪽으로 가거라. 우리 여기서 헤어지자."

그때 나는 웅길산 간 친구에게서 우정의 절제를 배우고(나처럼 무조건 친구 가는 데로 따라가려고 하지 않음), 나 불러낸 친구에게서 섬김을 배운다. 그는 두 친구에게 주려고 오이소박이 등을 가지고 나왔다. 나만 이도 저도 아닌 셈.

그러나 아무것도 아닌 사람도 필요한 게 세상이라고 생각하면서 편안히 왔다.

어머니는 어쨰도 괜찮아

'어버이날은 없어진다. 왜냐하면 자녀가 없어지니까.'

절망적인 말이다. 그러나 인류 역사가 끊이지 않고 계속되는 건, 사람 손에 두지 않고 하나님이 지키고 계시기 때문이라는 말씀이 있다. 이 말씀 믿고 나는 이번 어버이날에도 며느리들과 느긋하게 이런 말을 주고받는다.

"어디 먼 데 갈 것 없다. 우리 집에서 중국 음식이나 불러서 먹자."

"어머니 중국 음식은 안 돼요. 너무 기름져서."

"아아 그렇구나. 나도 싫다. 그럼 간단하게 아귀찜이나 먹을까? 우리 동네 아귀찜은 유명해서 예약해야만 된다."

"그래요 어머니."

싫은 건 싫다고 분명하게 말하는, 시어머니인 내게서 자유로운 며느리가 좋다.

그날 어버이날 점심때쯤 다른 며느리에게서 전화가 온다.

"어머니, 오늘 어버이날 깜박 까먹을 뻔했어요."

"어머니한테는 까먹어도 괜찮아. 어머니는 어째도 좋은

사람이야."

하늘도 못 말리는 천적이 고부간이라는 속말도 있지만 어떤 천적도 주님 안에서는 다 녹는다. 다 사랑해진다. 기름진 음식 싫다고 말하는 며느리도, 어버이날 까먹을 뻔했다고 말하는 며느리도 좋다. 다 좋다. 그만큼 나를 믿고, 서로의 신뢰 안에서 주고받는 말이니까.

어버이날은 없어진다 해도, 하나님이 교회보다 먼저 세우신 가정은 사랑으로, 오직 사랑으로 굳건히 지켜 내야 한다. 주님이 지키실 것이다.

꽃 자랑은 해도 되나

“나(바울)는 심었고 아볼로는 물을 주었으되 오직 하나님께서 자라나게 하셨나니”(고린도전서 3:6).

그러므로 꽃 자랑은 해도 된다. 그 꽃 내가 피운 게 아니고 주님이 피우셨으니까.

어버이날 저녁, 집 근처에서 아구찜 먹고 집으로 와서 차 마시고 산(山) 앵두를 먹었다.

가족이 오랜만에 모여서 한창 얘기 중인데, 남편이 며느리를 데리고 베란다로 간다. 해피트리 꽃과 남천촉의 통통한 꽃봉오리를 보여 주기 위해서. 다음에는 다른 며느리를 데리고 또 자랑하러 간다. 먼저 갔다 온 며느리가 말한다.

“어머니, 해피트리가 여섯 송이나 피었어요. 얘(해피트리)가 낮에는 활짝 피었다 밤에는 좀 오므라든 것 같아요.”

다음에 간 며느리도 말한다.

“어머니 남천촉 꽃봉오리는 처음 봤어요.”

이 며느리는 미술 전공이다. 신혼 초, 남편 친구들이 놀러 오니 나더러 거실 좀 봐 달라고 해서 갔다. 급한 원고가 있었는데도 며느리 부탁을 들었다.

그날, 같이 일하면서 며느리가 내게 한 말이다.

"어머니는 색감(色感)의 천재예요."

놀랍고 충격적인 이 한마디는 미술에 열등감을 가진 나에 대한 새로운 발견이었다.

그 감격은 색에 대한 내 감성을 풍성하게 만들어 주고 있다. 내가 남에게 해 주는 창의적인 말 한마디는 남의 인생을 새롭게, 풍성하게 세워 준다.

일용할 양식만 주신다

작년 겨울 12월까지 원고 마감하느라고 김장을 못했다.

백김치만 담가 놓고, 싱거워서 간물 더 붓는다는 걸 잊고 있다가, 나중에야 간물 부었더니 제 맛을 못 내고.

그 뒤, 몇 집에서 김치가 왔으나 맛있어서 나누었더니, 정작 우리 먹을 김치가 없다.

올봄에 배추 아홉 포기 사서 새로 담갔다.

배추 한 망(세 포기 4,500원) 배추 값이 가슴 아리게 싸다. 세 망 아홉 포기 1만 3,500원 주고 사다가 파, 마늘, 생강, 고춧가루, 젓갈 조금 넣고 담가 놓으니, 가을까지 김치 걱정 안 해도 된다.

내 것 없어서 남의 것 얻어다 먹으면 금방 없어지는 것 같다. 내 김치라고 배추 아홉 포기 담가 놓으니, 살림하는 가난한 주부 마음이 든든하고 김치가 잘 줄어들지도 않는 것 같다. 옛말에 "얻어 온 간장은 찍어만 먹어도 금방 없어진다"는 말이 실감나게 깨달아진다.

인간은 육신의 양식을 이렇게 저장하려고 하지만 주님은

일용할 양식만 주신다.

그렇다면 내가 이번에 봄 김장 배추 아홉 포기 해서 저장해 두는 것도 욕심으로 쌓아 두는 것인가.

아니다. 가난한 주부의 저장 김치는 일용할 양식이다.

광야에서 이스라엘 백성을 먹이신 하늘에서 내린 만나도 단 하루 분이다. 욕심을 내서 더 가지고 가면, 다 썩었다.

"그때에 여호와께서 모세에게 이르시되 보라 내가 너희를 위하여 하늘에서 양식을 비같이 내리리니 백성이 나가서 일용할 것을 날마다 거둘 것이라 이같이 하여 그들이 내 율법을 준행하나 아니하나 내가 시험하리라"(출애굽기 16:4).

주님은 하루, 일용(日用)할 양식만 주신다.

그런데 한 달, 1년도 아니고 몇십 년 뒤, 아들 손자 앞날까지 생각하고 탐심으로 모아 두는 재물. 가난한 자나 병약자, 꼭 필요한 자에게 돌아갈 몫을 내 탐심으로 잡아 둔다면, 다 썩지 않을까? 썩지 않으면, 물려받은 그 재물의 독으로 자녀들이 상하지 않을까.

자녀들이 상하는 것은 재물이 썩는 것보다 더 나쁜 일이다. 주님 말씀 준행하지 않으면 주님이 노여워하신다. 자녀들을 사랑하시기에 노여워도 하신다.

어마어마한 사랑의 빚

이 선생이 저녁 시간에 순천 내 숙소로 찾아오셨다.

감기 몸살로 병원에서 링거 맞고 오신다는데, 얼굴이 좀 부스스하다. 20여 년 전 이 선생과 두 친구들 셋이서, 힘에 지나도록 내 책을 구입해서(몇천 권) 선물로 사용했다. 이 어마어마한 사랑의 빚, 사람이 갚을 수 없다.

그 무렵, 우리의 첫사랑이 무르익던 봄 어느 날.

극상품 달래가 그들로부터 소포로 왔다. 순천 어느 바닷가에서 극상품 달래를 찾아내고, 내게 주고 싶은 마음에서 정신없이 캐서 보냈다. 나중에 생각하니 그게 질겨서 못 먹을 걸 보내지 않았나 하고 죽 궁금했는데, 이제야… 한 20년 뒤인 지금에야 말한다는 이 선생의 말씀.

한마디로 '깊고 조용한 완벽함'인 이 선생에게 드린 내 대답은 이렇다. "어머, 그 달래. 내가 안 먹고 남 주었나? 먹었어도 극상품이란 기억밖에는. 질기다는 생각 전혀 안 했고. 미안하시다니, 마음으로 주는 선물이 질기면 어떻고 쇠면 어떻습니까."

만발한 파꽃을 보면서

작년 겨울 가게에서 뿌리가 있는 무거운 대파 두 단을 5천 원 주고 사 가지고 왔다.

대파가 이렇게도 싸다니… 대파 두 단을 커다란 플라스틱 양동이에 두고 물만 조금 주면서 이파리만 잘라 먹었다. 겨우내 먹고도 남은 것은 작은 항아리만 한 화분에 심고.

올봄에 또 종희 동생이 약한 몸으로 옥상에서 키워 준 싱싱한 대파 한 무더기도 같은 화분에 심었다. 몇 이파리 따 먹다가, 지방에 한 열흘 다녀왔더니 수십 송이 파꽃이 만발이다. 나는 가끔 베란다로 나가서 파꽃을 바라보곤 한다.

그런데 이 파꽃이 보통 고운 게 아니다. 아주 서럽게 곱다. 파꽃 한 송이도 아픈 맘으로 보아야 잘 볼 수 있구나.

어느 꽃보다 깨끗하고, 은은하다 못해 그윽한 수십 개의 파꽃 송이들…. 일도 못하시는 아버지가 빚내다가 일꾼 사서 손해나면서 지은 대파 농사. 만발한 파꽃 속에는 세상 물정 모르고, 되는 일이라곤 하나도 없는 아버지의 모습이 어른거린다.

노인석에 누워 있는 사람

오빠와 동생네 집에 다녀오는 저녁. 부개역에서 전철에 오른다. 노인석에 남자 노인이 누워 있다. 맞은편엔 사람 셋이 앉아 있어서 오빠와 내가 앉으려면 그 노인이 일어나야 한다. 노인은 우리를 보자 벌떡 일어난다. 멋쩍은 얼굴의 그는, 아주 노인도, 아파 보이지도 않는 70대. 벌떡 일어나서 우리에게 앉을 자리를 만들어 주는 젊은(?) 노인에게 오빠는 공손하게 인사한다. "편안히 가십시오" 하고 두어 칸을 더 걸어간다. 나도 말없이 따라가고.

달리는 전철 안에서 빈자리 찾아 비틀걸음으로 오빠(85세)는 앞서고 나(79세)는 뒤따른다. 두어 칸 지나 빈자리(노인석)가 있어 둘은 앉는다. 오빠는 아무런 말도 않고 스마트폰 꺼내서 보고 나도 우두커니 앉아서 생각에 잠긴다.

아까 나는 노인석에 누워 있는 노인이 못마땅해서 얼른 자리 내놓으라는 듯, 다그치는 표정이었고, 오빠는 자기보다 젊은 노인에게도 배려하면서 공손하게 '편안히 가십시오' 하는구나. 주님이 지금 나와 오빠 중 누구를 더 기뻐하실까.

스트레스 제로

어느 목사님 사모가 건강 검진을 받았는데, '스트레스 제로'라고 한다. 담당 직원이 오늘(토요일) 오후에 검진받은 사람들 중에 스트레스 제로는 당신이 처음이라고 했다.

나는 그 뒤 많은 생각을 하고 있다. 도대체 그가 스트레스 제로라니? 그는 자의 반 타의 반으로 작지 않은 교회를 나와 개척하는 교회 목사님 사모다. 상가에 개척한 예배당 월세와 생활에 보태려고 직장에도 나가시는 사모. 그런데 스트레스 제로라니? 어느 정도의 스트레스는 필요하다는 말도 있으나 어쨌든 그 사모가 스트레스 제로라는 사실은 기적 같은 일이다. 모든 걸 주님 앞에 다 내려놓았기 때문이리라.

분쟁이 있던 전 교회에서 벗어난 것만으로도 감사해 하는 목사님과 사모. 사람 방법으로라도 교회 성장이 우선인 목사님도 있다는데, 잃어버린 한 마리 양을 찾겠다는 목회로 주님보다 앞서지 않으려는 목사님과 사모. 그 사모는 성령 충만해서 스트레스 제로가 된 것이다.

나그네로 살다 보니

나그네(강사도 나그네)로 낯선 곳을 많이 다니는 편이다.

여러 곳을 다니면서 여러 가정에 유숙하다 보면, 나도 모르게 숙소 주인의 안색(顔色)을 살피게 된다. 나그네의 어쩔 수 없는 본능이 아닐까 한다.

사람의 말은 속내를 감추고 듣기 좋게 말할 수도 있지만 안색은 감출 수가 없다.

우리는 '얼굴에 써져 있구먼'이라는 말을 한다.

주인의 안색이 변하면 나그네는 그곳을 떠난다.

시집간 가난한 딸이 친정에 가서도 부모 눈치를 본다. 부모 자녀 간에도 이해 상관은 묘하게 얽혀 있으니까.

가난한 딸은 부모의 안색이 변하면 친정을 떠난다.

어렸을 때, 친구 집에 놀러 가서도 친구 어머니의 안색이 변하면 곧 친구 집에서 나왔다. 안색은 또 하나의 내밀한 언어가 아닌가.

무얼 베푸는 위치에 있으면 더욱 조심해야 한다.

베푸는 자는 가만히 있어도 갑질이 된다고 한다.

나그네는 주인이 가만히 있어도 눈치가 봐진다. 베푸는 마음이나 물질에 '인색함'이나 '교만'이 조금만 묻어 있어도, 받는 이는 그걸 금방 알아채고 밀어낸다.

세상 모든 물질은 하나님의 것, 거저 받았으니 거저 드립니다. 심부름꾼의 태도로 겸손하게, 나는 당신보다 더 형편없는 죄인, 저는 주님이 심부름이나 시키는 하인입니다, 하는 자세로 임해야 한다.

야곱도 외삼촌 라반의 집에서 자기를 대하는 라반의 안색이 변하자, 아내와 아들들을 데리고 삼촌 집을 떠난다. 창세기 31장에 있는 말씀이다. "야곱이 라반의 안색을 본즉 자기에게 대하여 전과 같지 아니하더라… 야곱은 그 거취(去就)를 아람 사람 라반에게 말하지 아니하고 가만히 떠났더라"(창세기 31:2, 20).

그 사람의 안색은 그 사람 마음의 빛, 색깔이다.

어느 누구도 나보다 낫다

우리가 흔히 말하기를 누구는 겸손하다고 하고 누구는 교만하다고도 한다. 겸손은 기독교인의 가장 큰 미덕이라고 할 정도로 기독교인의 인격을 잘 나타내는 말이다.

그러나 그 신앙적 의미를 정확하게 모르고 사용할 수도 있다. 내가 그랬다. 이번에 어느 목사님의 설교를 듣고, 겸손 부분만 여기에 옮긴다.

“겸손이란… 결단코 자기가 못났다는 ‘현실적 절망’을 겪지 않고는 할 수 없습니다. 겸손을 공부로 배우면, 그저 동정입니다. 겸손이라는 것은, 어느 누구도 나보다 낫다는 걸 뼈저리게 느낀 자만이 할 수 있습니다.”

이 설교를 듣고 보니, 겸손의 신앙적 의미가 분명해진다. 한마디로 내가 예수님의 사랑으로 거듭나야만 참으로 겸손할 수 있다는 말씀이다.

손가락 고구마

외출했다 들어오니, 남편이 옆집에서 주신 것이라고 고구마 찐 것하고 빨간 커피 잔이 들어 있는 작은 상자를 가리킨다. 내 손가락만 하게 자잘한 찐 고구마. 집에서 먹으려고 기른 것같이 자연산 맛이다. 저 가느다란 고구마.

'나를 가족처럼 여기고 가지고 오셨구나.'

가느다란 고구마엔 큰 고구마에 담을 수 없는 마음이 담겨 있다. 커피 마실 때 잔도 바꿔 가면서 마시라고 보낸 빨간 잔도 고맙고. 나도 내 책 나오면 드리고. 옆집과는 작은 것이라도 주고받으면서 산다.

그는 내 책을 좋아한다. 독후감도 후하다.

'어쩌면 그렇게 글을 잘 쓰세요.'

오늘도 쑥을 캐다가 절편 만들었다고 한 접시 가지고 오셨다. 나는 몸살감기로 누워 있는데, 절편을 저녁 대신으로 두 개 먹었다. 아무것도 아닌 것 같은, 이웃간에 있는 것 주고받는 이 작고 사소한 삶이 주님이 참으로 기뻐하시는 삶이 아닌가.

아픈 친구를 생각하면서

나이 들어가니 아픈 친구들이 많아진다.

어제는 입원했다 퇴원한 어느 친구(80세) 집에 문병 갔다.

남편이 10만 원 주기에 "과일이라도 사 갖고 가야지요" 하니까 3만 원 더 준다.

넉넉잖은 친구 살림에 조금이라도 더 드리고 싶어서, 과일 사라고 주는 돈 3만 원까지 봉투에 넣는다. 넣고 생각하니 13만 원. 13은 서양에서 불길한 숫자라고 하는데, 안 되지, 하고 만 원을 뺀다. 그러다가 불길한 수라고 뺀 만 원을 도로 넣는다.

'13이 불길한 숫자라고? 그런 게 뭐 맞아. 서양 미신이야.'

그러다가 다시 생각한다. 나는 13이 불길한 숫자라는 걸 미신으로 알고 아무렇지도 않게 여기지만, 친구가 혹시 기분 나빠한다면 안 되지. 친구는 지금 몸이 아파서 마음도 약해 있을 수도 있으니까.

다시 봉투에서 만 원을 뺀다.

문병을 마친 뒤, 만 원을 지갑에 넣은 채 친구 곁을 떠나려고 하니 못 떠나겠다.

그 만 원을 다 주고 싶어서, 다시 앉아서 친구에게 사실대로 다 얘기하고 만 원까지 다 드린다. 12만 원 든 봉투 위에 만 원을 얹어서, 옆에 있는 책 속에 가만히 넣고 일어선다.

집으로 오면서 나는 안 좋은 생각에 사로잡힌다.

이런 나를 친구가 구차하다고 하지 않았을까. 친구는 그렇게까지 해서 받고 싶지는 않은데, 나는 내 마음을 다 전하려고만 하지 않았나… 그러다가 왜 사람 눈치를 보느냐, 주님 앞에서 내가 떳떳한가를 보아야지 한다. 나는 아픈 친구에게 내 마음과 물질을 유치한 방법으로라도 다 드리고 싶었다. 괜찮아. 주님은 괜찮다, 잘했다 하실 것이야.

나는 맘을 놓고 아픈 친구를 생각하면서 집으로 돌아왔다.

4부

내 집으로 가야지

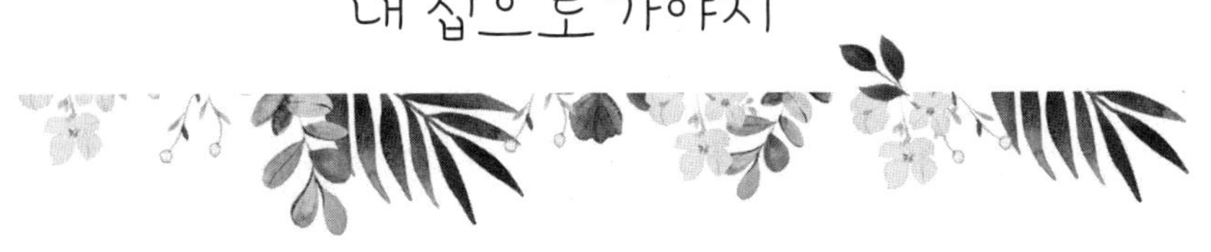

존경하는 아내 박정자 선생에게

"사랑하는 박정자 선생님의 80회 생신을 진심으로 축하드립니다. 평생 박정자 선생님이라고 생각하면서 존경하는 마음을 간직하면서, 남편으로서 평생을 지금까지 살아왔습니다. 그동안 연중(年中) 춘하추동 계절이 있듯이, 당신에게 실망을 끼친 적도 있었습니다. 너그럽게 깊이 이해하면서 오늘의 나를 있게 해 준, 이 세상에서 가장 사랑하는 남편으로 섬겨 주신 점 머리 숙여 고맙게 여깁니다.
지금까지 사는 동안 실망한 점이 많았을 것입니다. 너그럽게 이해하고 용서해 주기 바랍니다. 이제 얼마 남지 않는 여생을, 이 세상 가장 행복한 부부로 살았다는 발자취를 남기는 데 최선의 노력을 할 것을 다짐하면서, 80회 생신을 진심으로 축하합니다.

2018년 10월 17일(음력 9월 9일) 남편 김상열(84세) 올림

* 졸필 이해 바랍니다."

어떤 아내가 남편에게 평생을 선생님으로 존경받으면서 살 수 있을까?

친구 박정자 선생을 다시 보게 된다.

다른 사람은 몰라도 내 남편이라면 평생 아내를 존경하면서 살겠는가. 어림도 없는 일이다. 항상 애물단지 아내가 지겹고 지겨웠을 텐데, 어찌 존경할 수 있겠는가.

아내로서, 어머니로서, 한 작가(동화)로서의 삶을 잘 살아낸 친구에게 경애의 마음을 드린다.

강사, 작가라는 이름을 내려놓고

이웃에 있는 꽃집 원장님 따라서 새벽 꽃 시장에 갔다.

새벽에 일어나서, 고요함 속에 조심스럽게 이웃에 있는 꽃집으로 간다. 좀 무섭기도 하고.

원장님은 그날 내게 꽃을 잘 보여 주시려고, 그날 꽃 주문은 안 하신다. 꽃 주문하는 마음으로 가면 꽃의 아름다움이 제대로 안 보인다고. 오늘 꽃 주문 안 하신다는 건 나를 위한 원장님의 특단의 배려다. 오늘은 나와 함께 꽃의 아름다움을 맘껏 느끼고 사랑하시려고.

그는 자기 꽃집의 꽃나무들을 아침이면 정성으로 닦아 주고 물 주면서 '꽃의 소리'를 듣는다.

나는 요새 강사로 다니기보다 내가 좋아하는 사람을 마음 가는 대로 찾아다닌다.

용건을 가지고 어디를 가면 용건만 보이고 사람은 잘 보이지 않는다. 강사, 작가라는 이름을 내려놓고 한 인간으로서 상대의 내면을 깊이 들여다보려고 한다.

그들 '영혼의 소리'를 잘 들어 보려고 한다.

이건 무슨 그리움일까

하루는 꽃집 '로드플라워' 원장님에게서 전화가 온다.

"오늘 동사무소 갔다 오다가 선생님네 아파트 앞을 지나가는데, 내가 선생님을 그리워하고 있다는 걸 알았어요. 나 지금까지 누구도 그리워해 본 적이 없는데…."

"그래요…."

"이건 무슨 그리움일까? 생각해 봅니다. 여자가 남자를 그리워하는 것도 아니고."

"제 글 속에 담겨 있는 주님 사랑을 그리워하는 것 아닐까요?"

어느 날 원장님에게서 또 전화가 온다.

"선생님이 6월 말까지 침잠한다고 하셨는데, 목소리라도 듣고 싶어서 전화했어요."

"그러셨어요. 잘하셨어요. 파격(破格)은 때로 기적을 만들지요…. 제가 지금 로드플라워로 갈게요."

나는 단정한 모습으로 집을 나서서 꽃집을 향하여 걸어갔다.

5분 거리에 있는 내 꽃밭

“선생님, 아무 때나 오셔요. 집에서 입던 옷 그대로. 언제나 저는 환영하니까요. 와서 꽃도 보시고 커피 한 잔 들고 가셔요…. 선생님 글은 마음이 깨끗하고 정화가 돼서 봐야 해요.”

내 집 근처 5분 거리에 있는 로드플라워 꽃집 원장님이 하신 말씀이다. 나는 아무 때나 언제 와도 좋다는. 그러므로 그 꽃집은 내가 맘대로 갈 수 있는 내 꽃밭이다.

그는 꽃꽂이 학원을 오랫동안 하셔서 사람들이 원장님, 선생님이라고 부른다.

그날도 누가 주신 기정떡과 검은 콩 넣은 백설기를 들고서 가슴 설레면서 간다. 여진 님도 만나자고 전화해 놓고. 여진 님은 원장님 여동생이다.

여진 님은 고개 넘어 사는데, 벌써 와서 나를 기다리고 있다. 나는 오늘 컴퓨터도 고장나고 며칠 뒤 일본 손님 맞을 준비로 긴장돼 있다. 꽃이라도 좀 사다가 놓아야 할지… 그들의 조언도 듣고. 오늘 나는 그들에게 충전하러 간다고 하니, 여진 님이 "충전시켜 드리지요" 자신 있게 말해서 그 자신감에 희망을 품고.

거기엔 꽃들이 있고 커피가 있고 대화가 편안한 사람들이 있다.

5월 꽃집에는 우아하고 청초한 꽃들이 가득하다. 꽃들을 보면서 일본 손님들이 오는데, 집을 아름답게 하고 싶다고 하니, 원장님은 꽃이 필요하다면 내일 새벽 꽃 시장에 같이 가도 좋다고 한다. 여진 님은 잠자코 있더니 이런 충고의 말씀 한마디를 한다.

"선생님, 있는 그대로 보여 주세요."

내게 새로운 충전이다. 남편도 내가 그날 과일을 준비하면서 꼭 청포도(국산 한 팩 : 35,000원)를 사고 싶다고 하니, 집에 사과도 있고 방울토마토도 있는데, 가난을 만드는 사람이 무슨 청포도냐고 해서 '나는 가난하게 살아도 손님 대접을 가난하게 하면 안 되잖아요' 하려다가 만다.

집 근처 내 꽃밭에 가면 싱싱한 갖가지 꽃들이 있고, 꽃보다 더 고운 두 자매가 있다.

꽃이 시드는 소리

그날도 로드플라워 꽃집(꽃밭)에 앉아 있다.

원장님과 여진 님, 나 셋이서 차를 마시면서 얘기를 나누면서. 주위엔 고상하고 우아한 봄꽃들의 향기. 앉아만 있어도 쉼이 되는 곳이다. 정말 고상하고 우아한 꽃들이 가득한 꽃밭. 아무리 바라봐도 싫지가 않은, 내 품 안에 있는 꽃밭.

그런데 꽃밭에 앉아 있는 내 마음 저 밑으로 희미하나 거역할 수 없는 어떤 미세한 불안감 한 자락이 흐르고 있다. 왜 그럴까?

집으로 돌아와서 생각한다. 원인이 뭘까? 왜 향기로운 꽃밭에서 맘껏 즐거워하지 못하고 미세하게나마 불안해하는 것일까. 며칠 뒤, 그 원인을 알아낸 내가 원장님에게 전화로 말씀드린다.

"저는 로드플라워 꽃밭에 앉아 있으면 '꽃이 시드는 소리'가 들립니다. 꽃밭은 원장님의 생업이요, 일터잖아요."

"그래요? … 그런데 선생님, 꽃이 시든다고 안타까워하지 마세요. 꽃은 시들어야 아름다워요. 시들어야, 싱싱할

때를 사람들이 기억하지요. 꽃이 아름다운 건 시들기 때문이에요."

"어머나 그래요. 공연한 근심을 했을까요? 그렇게 꽃에 대한 투철한 미학을 갖고 계시는데…."

꽃은 원장님에게 생존 이상이다. 그러나 사람에게 생존보다 더 위대한 건 없다는 말도 있는데… 원장님의 생존도 존중하면서 꽃밭에 드나들어야지. 존중하는 마음은 예의를 갖춘 마음, 사랑하는 마음이다.

'… 선생님, 꽃이 시든다고 안타까워하지 마세요….'

꽃에는 생명이 있기에 아름답다는 말씀이다. 그런데 생명이 있는 것은 다 시든다. 죽는다.

시들기 때문에 꽃이 아름답다는 말씀을 들으면서 나는 인생에 대해서도 생각한다.

'그래, 사람도 오래 살면 사랑하는 사람에게 그리움이란 걸 남겨 줄 수가 없지. 그래서 장수가 재앙이라는 말은 맞는 말이야.'

벚꽃은 절세미인인가

어느 날, 로드플라워 원장님의 말씀이다.

“나는 사람들이 꽃말을 만들어서 꽃을 제한하는 것 싫어요. 꽃들이 원하지도 않았는데 사람들이 자기 맘대로 꽃말을 만들어 가지고… 노랑 장미가 얼마나 예쁜데, 꽃말이 질투라고 사람들이 잘 안 사요… 사람들이 이 꽃은 꽃말이 뭐냐고 물으면 나는 말 안 해요.”

“아아 그러네요. 꽃을 참으로 사랑하는 말씀이네요.”

나는 ‘벚꽃은 절세미인이라고 하던데요?’ 하려다가 그만둔다.

“…그런데 꽃집 이름이 왜 로드플라워(roadflower)예요? 혹시 들꽃을 말하는 것 아니에요? 야생화.”

“아니에요, 들꽃이 아니라 길가에 피어 있는 꽃이에요. 겨울에 산에 가보면 산길 가에 동국화(冬菊花)가 피어요. 조그만 봉오리가 노랗게. 얼마나 예쁜지 그 꽃, 내가 제일 좋아해요.”

“동국화, 겨울 국화란 말이네요.”

"아주 추운 한겨울 말고 초겨울쯤에 산에 가면 피어 있어요."

원장님 별명은 '꽃 소리'라고 한다.

꽃이, 목마르다고 물 좀 주세요, 벌레가 물어요, 여기가 가려워요, 영양 있는 것 먹고 싶어요, 하는 꽃의 신음 소리를 듣는다고 해서 꽃 소리. 꽃들의 엄마는 아기 꽃들의 옹알이를 듣는다.

그는 트리안이라는 꽃을 아름답게 길러서 고객에게 드리면서 이렇게 말한다.

"잘 키우세요. 죽어도 내게 죽었단 말 절대 마세요."

이 한마디에 담긴 그의 꽃에 대한 애정. 숙연해진다.

여진 님에게

여진 님, 그가 갑상선 수술하고 퇴원 후, 내 책을 즐겨 읽는다고 해서 내 책 한 질을 보냈다. 책 읽으면서 속히 회복하시라고.

'여진'은 본명 아니고 고등학교 국어 선생님이 지어 주신 별명이다. '넌 참으로 진짜 여자다'라고 해서 여진이라고.

나도 몇 번 만나면서 보니, 마음 여리고 정서 섬세하고 다정다감하면서도 강인한 절제가 있다.

그가 '꽃집 언니'라고 부르는 로드플라워 원장님과 그는 사상, 가치관, 취향이 비슷한 친구 같은 자매다. 같이 음악 듣고 시를 읽고 산책하면서 살아가는 얘기도 나누는.

여진 님은 좋은 인성을 골고루 지닌 우수 여인이다. 글을 써 보려고 한 적도 있고. 그러나, 그에게 주어진 삶의 불성실, 일탈 같은 건 상상도 못할 일. 그렇게 일상생활을 완벽, 성실로 살다가 보니, 몸이 견뎌 내지 못하고.

사람은 어딘가 결함이 있어야 뛰어남도 유지가 되는 것인가.

범죄하기 이전의 하와처럼

2019년, 새해 둘째 날. 새해 인사도 하고 점심이나 같이 들자고 해서 오류동에 있는 젊은 친구 집에 갔다. 빌라 4층인 그 댁엔 결혼한 아들, 딸도 와 있다. 4층 계단을 숨차게 올라가니, 현관문이 활짝 열려 있다. 기분 좋게 음식 냄새도 나고.

"문을 활짝 열어 놓으셨네." 내 말을 듣고 친구가 주방 쪽에서 나와 얼굴을 내미는데, 그 얼굴이 꼭 에덴동산에서 불쑥 내민 하와 얼굴 같다. 사람과 문명의 때가 전혀 묻지 않은 얼굴. 그가 긴 치마를 입어서 더 그랬을까? 태초의 깨끗함을 느낀 내가 그에게 말한다. "꼭 하와가 얼굴을 내미는 것 같네요." 그는 들은 척도 안 한다.

점심상에 둘러앉아서 점심 드는데 그의 딸이 말한다.

"하와가 얼굴을 내미는 것 같다는 말이 좋아요."

"자네(친구 딸)는 하와 같은 어머니 두어서 좋겠네. 올해는 우리도 범죄하기 이전 에덴동산의 하와처럼 살아야지. 생명을 품어 주는 모든 살아 있는 자의 어머니로."

여섯 사람의 헌신으로

우리 집에 있는 오래된 소파. 천 소파라 그 위에다 겨울에는 얇은 담요를 깔기도 하고 여름엔 누비이불이나 이불 호청으로 덮는다. 맘엔 썩 안 들어도 실용적인 면에서 그런대로 만족하고 있다. 그러던 어느 날, 지방에 가서 젊은 친구가 식탁보 맞추는 데 따라갔다. 맘에 든 청색 무늬 포플린을 염가로 팔기에 우리 집 소파 덮개도 주문했다.

찬바람 불고 겨울이 오자, 시원하게 맑은 청색 포플린이 차갑게 느껴지는데, 얼마 전 그 소파를 보고 간 어느 사모가 보드랍고 따뜻한 오버 천으로 만든 소파 덮개를 여러 장 택배로 보냈다. 이 천은 두꺼워서 공업용 미싱으로 네 사람이 네 시간 동안 만들어서, 어느 분 차로 우체국에 가서 부쳤다. 천은 옷 만드는 공장의 지인이 팔고 남은 자투리.

그들의 도움으로 만든 소파 덮개는 너무 많아서 오류동, 의왕시, 광명시, 성남시 친구들 겨울 소파 덮개로 갔다.

여러 사람의 헌신으로 우리 다섯 가족이 지난겨울을 따뜻하게 보냈다.

수박 껍질 버리지 마라

말 한마디가 그 사람 전부를 기억하게도 한다. 부모나 가족 친지에게서 들은 한마디 말.

— 아버지, "형은 아우한테 져 주는 거야."

"인생에 안정이란 없다. 전진(前進)만 있을 뿐이다."

— 어머니, "열 번 잘하다 한 번 못하면 한 번 못한, 그것만 기억하는 게 사람이다."

— 남편, "무덤에 같이 갈 사람을 속이겠어."

"세상에서 가장 좋은 사람, 가장 까다로운 사람."

— 아들, "엄마는 중간을 몰라. 너무 넘치게 하든지, 너무 적게 하든지."

오래전 어느 친지 문병을 가서 들은 말이다. 부요하게 사시는 노부인의 1인실 병상. 수박을 잘 긁어서 드리는 딸에게 노부인이 한마디 하신다. "수박 껍질 버리지 마라!"

그 말씀 한마디는 한 가정 살림을 알뜰하게 맡아 온 이 나라 모든 어머니들의 말씀이다.

기일혜 님 따라다니기

다음은 독자 박청옥 님이 보내온 참 독특한 문자 편지다.
이런 편지는 처음이다.

요즘 기일혜 님 수필집을 계속해서 읽고 있다.
얼마 전에 한 질을 사서 주욱 한 번씩 다 읽고 또 시간 날 때마다 읽고. 눈이 피곤할 정도다. 눈이 아프면 안 되니까 그럴 때는 책이 눈에 안 보이게 감췄다가 다시 읽곤 한다.
모임이 있는 날에는 다 읽은 책을 모임 사람 수 대로 가져가서 나누어 준다.
내 맘이 기쁘다.

그런데 읽다 보니 재미있는 일이 생긴다.
나도 기일혜 님이 가는 대로 따라가서 만나는 사람들과 같이 앉아 있는 생각이 드는 것이다. 어제는 비가 쏟아지는 화죽마을(정읍)에 같이 가서 사나운 비에 옷도 젖고 마중 나온 홍순임 님 집에 들어가 자기 집처럼 편안해하시며 누워 있는 기일혜 님을 보곤 웃기까지 했다. 홍순임 님이 하시는 착한 며느리 이야기도 마치 나한테 하는 이야기인 양 들으며 웃고 미소 짓고 감탄하며 행복해하는 것이다.

내가 책을 너무 집중해서 읽었나 보다.
그래도 홍순임 님이 하나님과 함께 농사지은 채소들은 들고(이고) 오지 못했다. 기일혜 님처럼.

위대한 수국이라고나 할까

그날, 청옥 님은 점심 약속이 있다고 오후에 오셨다.

신비로운 수국 화분을 들고서. 수국은 자잘한 연보라색 꽃송이가 수백, 수천 송이다.

아직까지 보지 못한 희귀한 걸작 수국이다.

얼마 뒤, 청옥 님은 가시면서 현관에 주문 배달된 배추 세 망(아홉 포기)을 보신다. 무심히 지나칠 만도 한데 "이걸 언제 담그시지?" 걱정되는 눈빛으로 배추를 내려다본다.

김치 안 담가 본 부인 같은데, 어찌 김치 담그는 수고를 아실까? 잠깐 의아해진다. 그가 간 뒤 곧, 나는 그 수국 화분을 들고, 꽃 좋아하는 며느리 집으로 간다. "어머니, 이런 수국은 처음 보아요." "2019년 신품종이란다."

수국과 함께 아홉 포기 배추 김장 걱정하던 청옥 님의 시선. 그의 시선 때문에 수국은 내게서 위대해진다.

수국은 사라졌어도 내 마음에는 수국과 함께 나를 걱정하던 그의 시선이 남아 있다. 사물(수국)에 마음이 담기면 그 사물도 위대해진다고나 할까.

LA 야산의 야생화

LA 레이크엘시노어 야산에 만발한 야생화 사진 두 장이 청옥 님으로부터 왔다. 그 찬란한 야산에 매료된 나는 즉시 매료된 느낌을 문자로 보낸다.

“황량한 어여쁨… 태초의 야산이 내려와 앉은 듯… 합니다.”

“작가님의 시선이 우리랑 다르니 또 깨달음이 있어요.”

청옥 님은 아파트 정원에 핀 토종 흰 민들레 얘기도 보내주셨다.

“서문 옆 하얀 민들레… 다섯 송이나 피었는데, 그만 사람 손을 타서 하루아침에… 다 없어져 안타까웠지요. 다행히 두 송이가 더 올라와서… 걱정스런 마음에 작은 나무판에다 ‘토종 민들레입니다. 보호해 주세요’라고 써서 민들레 옆에 두고 오기까지 했어요.”

미소를 머금게 하는 민들레같이 고운 얘기다. 요즘 누가 민들레에게 마음 주고 사나.

습관적 영성

"교회당에 성경책 들고 오는 모습만 봐도 그 수준을 안다(아아 저 사람). 지하철에 서 있는 모습만 봐도 그 사람을 안다(아아 저 사람).

여러분, 우리는 지하철에 서 있어도 모습이 달라야 합니다. 우리는 주어진 사회 속에서 이웃 앞에서 신자로 살아야 하는 신자의 가장 당연한 기본을 배우지 못하고 있습니다.

일상에서 웃을 줄 모르고 겁내고 도망가고… 눈을 안 마주치려고 하고… 무슨 말 할지, 모른다는 것… 한국 교회의 직면한 과제입니다. 연습이 필요합니다. 연습해야… 예수 안에서 하나님의 자녀라는 인간이 된 새로운 존재에 관한 정신적, 육체적, 인격적, 습관적 영성이 나옵니다."

'습관적 영성'이란 뭘까? 어느 목사님의 말씀을 들으면서 자문해 본다.

어떤 사소한, 아무것도 아닌 사소한 습관에서도 예수님

의 냄새와 향기가 난다는 말씀 아닌가. 무심히 내뱉는 말 한마디, 동작 하나에도 예수님의 영성이 묻어난다는 뜻 아닐까.

세상에서 예수님 말씀대로 살다 보면 예수님 닮은 말투, 눈빛, 손짓, 지하철에 서 있는 모습도 다른 사람과 다르고 성경책 들고 교회당 들어서는 모습도 세상 사람과는 다르다는 말씀.

주님 말씀을 삶 속에서 습관화해야만, 내 모든 일상적인 삶 속에서 습관적 영성이 나온다는 말씀이라고 생각한다.

가장 아픈 외로움

보헤미안 랩소디. 세계적인 보컬 그룹 퀸의 리드 싱어인 프레디 머큐리는 이렇게 절규했다고 한다.

"우리가 무엇을 위해서 사는지 아는 사람 있습니까?"

이 질문에 나는 손을 번쩍 들 수 있다. 그리고 대답한다.

"창조주 하나님을 영화롭게 하고 그를 즐거워하는 일입니다."

죽기 전 프레디 머큐리는 또 절규했다.

"세상의 모든 것을 다 가지고도 가장 외로운 사람이 될 수 있습니다. 가장 아픈 외로움입니다. 성공은 나를 우상으로 만들고 수십억 달러를 벌게 했지만 나는 우리 모두가 필요한 걸 가져 본 적이 없습니다. '사랑으로 지속되는 영원한 관계' 그걸 가져 본 적이 없습니다."

사람의 관계는 지속되지 않는다. 영원히 지속되는 인간의 관계나 사랑은 없다.

그러나 영원한 변치 않는 사랑의 대상으로 그것을 내어

주신 예수님이 있다. 어떤 고난 역경 속에서도 그 영원한 사랑은 잃을 수 없음을 하나님께서 보여 주셨다. 예수님을 통해서.

그런 예수님을 나는 사랑한다. 그러므로 나는 '가장 아픈 외로움'이 없다.

엘리베이터 안에서

주님이 기뻐하시는 생활 예배. 어렵지 않다고 한다. 가장 쉬운 일부터 하라는 말씀이다. 내가 먼저 인사하고 먼저 웃고, 먼저 미안하다 고맙다고 말하고 먼저 양보하고.

며칠 전 입원한 친지를 병문안하고 돌아오는 길. 아파트에서 살면 엘리베이터 안이 만남의 장소가 되기도 한다. 그날도 엘리베이터 안으로 들어가니 지하 주차장에서 친구 두 사람과 올라오는 8층인가에 사는 젊은 엄마를 만난다.

때는 오후, 내가 먼저 인사하면서 말을 건넨다.

"예쁜 따님은 안 보이네요."

"어린이집에 갔어요."

"며칠 전 아버지를 뵈었어요. 몇 달 만인데 저를 알아보고 인사하시는데 어쩜 그리 다정다감하고 자상하신지."

"아버지가 본래 그래요."

"새벽 수산 시장에도 잘 가신다고 하대요."

"네에, 아버지가 생선 잘 사 와요."

그녀의 표정이 금세 온화해지면서 썰렁한 엘리베이터 안

이 훈훈해진다.

이웃을 만나면 먼저 인사하며 안부 주고받는 행복. 살아있음에 감사하면서, 만나는 이웃에게 웃으며 먼저 말을 건네는 일. 아무것도 아닌 것 같은 하찮은 얘기라도 하면서 서로 말을 주고받으면 마음이 서서히 열린다. 이웃을 내 몸같이 사랑하라는 말씀의 시작이 된다.

이런 일은 쉽고 누구나 다 할 수 있는 일이 아닐까.

어느 결혼 조건

"사랑하지 않는 결혼 조건에는 별개 다 걸림돌입니다.

공부 잘한 것도 꼴보기 싫고 잘생긴 것도 꼴보기 싫고. 그러나 사랑하면 유전병이 있어도 괜찮아, 참고 살지. 음식을 못한대, 괜찮아 사 먹으면 돼. 아기를 낳을 수 없대, 괜찮아 입양하면 돼. 사랑하면 다 괜찮고 사랑하지 않으면 별게 다 걸리고 싫다는, 사람 마음입니다.

하나님은 나를 향하여 뭐든지 다 괜찮다고만 합니다.

나는 그분의 사랑받는 자녀이기에. '네가 잘못하고 있는 것, 다 감수한다. 너는 그 대신 나를 사랑해라 나를 기뻐해라. 나는 너한테 능력을 요구하지 않는다. 나는 네가 필요한 것, 네 수단이 되는 것 원치 않는다. 네가 없어도 되고 네가 못나도 되고 네가 괴팍해도 된다. 그러나 나를 사랑해다오.'

그게 기독교예요. 참으로 무섭지요."

어느 목사님의 설교 말씀 요약이다.

벌교 친구 송양엽 님

송양엽 님에게서 전화가 왔다. 10년 전, 벌교 군지중앙교회 강사로 간 나를 기억하고, 내 책도 잘 보고 있다, 오늘은 생각이 나서 전화한다고. 그러나 나는 그의 얼굴이 잘 생각나지 않는다.

"작가님을 어떻게 불러야 하는지 몰라서. 작가님이라고 해도 내 존경스런 맘이 다 안 담아지는 것 같고…."

그의 목소리에 담긴 맘이 내 맘과도 같아서, 얼굴도 잘 모르는 그에게서 친구 같은 우정을 느끼면서 내 책도 몇 권 보내 드렸다. 그 뒤 이런 전화도 왔다.

"…일하다가 와서도 손 닦고 작가님 책 봅니다. 닦고 닦아도 묻네요(흙이). 부엌에다 책을 놔두고 봅니다…. 저는 복 받은 사람이네요. 작가님 같은 사람을 만나게 해 주시고. 오늘도(주일) 감사 헌금 해야겠네요. 작가님 책 읽을 때마다 감격스럽고 죄 지은 것 같고…."

"사람을 너무 좋게 보지 마세요. 다 똑같아요. 제 글은 주님의 도우심으로 썼습니다."

의견이 다를 수 있습니다

어느 지인의 소개로 내 책을 알게 되었다는 어느 남자 분(80세). 내 책 보기를 원해서 지금까지 나온 한 질(38권)과 더 보태서 50권 보내 드렸다.

그 뒤 감명 받았다는 독후감을 문자로 몇 번 보내오더니, 어느 날은 이런 글을 보냈다.

"조금 전까지 28번째 《아내에게 지는 연습하기》 완독했습니다. 문장력은 없지만 사람 냄새가 난다. 소설과 달리 수필은 진실해야 한다. 가난을 만드는 삶이 즐거우신 분, 많이 공감합니다…."

"네에."

나를 무시하는(?) 말에도 처음엔 '네에' 하고 다소곳하게 답했다.

그러고 나서 생각해 보니, 이건 심각한 문제다.

소설가로 등단할 때 중요하게 보는 게 문장력이다. 문장력은 소설가의 기본이다. 뭘 모르는 것 같은 그분에게 알려줘야 하지 않을까. 다시 문자 보낸다.

"'문장력은 없지만…' 이런 말씀은 작가에게 치명적입니다. 문장력 없이 어찌 소설가가 되겠어요? 그리고 문장력 없이 사람 냄새만 나면… 그건 프로 작가가 아니라 아마추어지요."

"…큰 상처를 드린 실수에 대한 용서를 거듭 요청합니다. 오늘까지 보내 주신 수필집 모두 정독했습니다. 최고로 귀한 복음 전도 문서라는 사실을 깨닫고 감사했습니다. 독자들 모두가 구원의 주 예수님을 인격적으로 영접하도록 기도합니다…."

"오늘 주신 글 잘 읽었습니다.

인간은… 서로 의견이 다를 수 있습니다.

고맙습니다."

당신은 무슨 재미로 사나

어제 아침 어느 조용한 친구와 통화했다.

"…동네서 사람들이 놀러 오라고 해도 안 가요. 만나면 남들 흉, 아들 며느리 흉보고. 그런 소리 들으면 내 영靈이 안 좋아요. 그래서 안 만나요. 운동도, 동네 사람들 많이 가는 산에 가면 만나고 또 말이 많으니까, 저기 체육관 쪽으로 한 바퀴 돌아서 와요. 저는 사람들하고는 말을 잘 않고 예수님에게 속삭여요."

"어머나… 예수님에게 속삭여요?"

아무도 못 듣게, 예수님만 알아듣게 귀에 대고 말한다. 속삭인다는 뜻은 '나지막한 목소리로 정답게 이야기한다'이다. 그는 예수님만 듣게, 예수님에게 친구처럼, 신부처럼 정답게, 조금의 거리감도 없이 귀에 대고 속삭인다. 대화한다, 기도한다.

그가, 사람 좋아해서 정신없이 사람 쫓아다니는 나를 보면 '당신은 무슨 재미로 사나? 나는 예수님에게 속삭이면서 살아요' 할 것이다.

백인백색(百人百色)이라는 말도 있듯이 사람은 다 다르다. 그 다름을 나보다 낫게 여기고 섬기라는 게 주님의 부탁이시다. 나는 전화 끝에 그에게 얘기한다.

"나의 온 재산을 팔아서(?) 밭에 감추인 보화 같은 당신을 얻었습니다."

친구는 이런 말로 화답한다.

"나 같은 사람에게 전화해 주시고 고마워요. 누가 나한테 전화해 준 사람 한 사람도 없어요."

우리는 서로를 나보다 낫게 여기고 존중하면서 섬기고 있다. 사람이라 더러 모자라고 부족하고 실수도 하면서.

주님 안에서는 모자람도, 부족함도, 실수도 우리를 자라나게 하는 밑거름이 된다.

고흐의 아몬드꽃

고흐 이야기가 자주 나온다. 고흐 그림과 화집을 곁에 놓고 있기 때문이다.

거실에 걸려 있는 고흐의 〈아몬드꽃〉.

〈아몬드꽃〉은 고흐가 동생 테오 부부가 아들을 낳았다는 소식을 듣고 그 기쁨을 그림 한 점에 담은 작품이다. 그해 여름에 세상을 떠난 고흐. 그러나 이 그림은 지금 반 고흐 미술관에 걸려 있다. 미술관 개관에 결정적인 역할을 한 사람은 바로 그의 조카 빈센트 빌렘이었다.

〈아몬드꽃〉에 대한 전문가의 해설문을 읽어 본다.

> "맑은 옥빛 하늘 아래 소담하게 피어오른 작고 하얀 꽃송이들을 그린 아몬드꽃이다. 아몬드나무는 겨울 기운이 아직 가시지 않은 새봄에 가장 먼저 꽃을 피운다. 이 그림에는 겨우내 메말랐던 나뭇가지를 힘차게 뚫고 솟아난 작은 꽃잎들을 올려다보며 환희에 찬 얼굴로 새 생명을 축복했을 화가의 모습이 떠오른다…."

〈아몬드꽃〉을 고흐의 심정, 조카의 심정이 되어서 눈부시게 슬프게 바라본다.

"그는 모든 사람의 마음을 어루만진 마음이 깊은 사람이었다.

마음이 따뜻한 사람이었다.

그는 모든 감정을 느꼈다."

이 얘기는 고흐의 일상생활을 아주 가까이서 본 어느 주변인의 말이다.

이런 사람은 인류 역사 이래로 몇 사람 안 될 것 같다.

그림의 천재 고흐는 인간성의 천재가 아닌가.

다른 남자로 해서 임신한 창녀의 출산을 도우려고, 고흐는 동생 테오에게 얻어 쓰는 돈을 극도로 절약해서 그녀의 출산을 도왔다. 창녀에게도 깊고 따뜻한 사람 고흐.

그는 예수님의 친구다.

대부도 노래방

몇 년 전, 50여 년 전 가르친 초등학교 제자들과 대부도에 갔다. 어느 제자와 동행했는데, 제자들이 바다낚시 해서 잡은 생선회까지 정성으로 준비한 상이 기다리고 있다. 널찍한 노래방까지 갖춘 음식점이다.

전국에 흩어져 사는 제자들이 모였다. 자기 집에서 농사지은 과일이나 그곳 특산품도 가져오고, 솜씨 좋은 여자 제자들은 떡이며 별미 김치를 푸짐하게 준비해 왔다.

전북 고창에서 온 남자 제자가 화제였다. 학교 다닐 때도 인기가 많더니, 그날도 자기가 생산한 복분자로 주스를 많이 만들어 가지고, 아내와 동반해서 행복한 모습을 보여준다.

이른 저녁 식사가 끝나자 곧 노래가 나오고, 춤과 함께 숨었던 감정들이 쏟아져 나온다. 그들은 거기서 밤을 보낼 거라고 한다. 나는 밤 아홉 시, 그곳을 떠날 때까지 그 자리에 꼿꼿이 앉아 있었다. 마치 지난날 잘못 가르친 것을 무릎 꿇고 사죄라도 하듯이. 그러면서 다 보았다. 학교 교단에서 보던 어린 제자들과 장성해서 인성이 만개한 제자들은 천양지판으로 다르다는 것을.

노래나 춤 실력들이 보통 아니고 고향 친구들이라 친밀감, 결속감도 대단했다. 거기 한자리에 계속 꼿꼿이 앉아서, 나는 많은 제자들의 얘기도 들어준다. 내 곁으로 와서, 주로 남자 제자들이 자기 속엣말, 하소연, 한탄을 쏟아 놓는다.

그중 가장 아팠던 이야기는, 선생님(기일혜)이 여름 방학 숙제로 잔디 씨를 받아 오라고 해서, 방학 동안 내내 엄청나게 많은 잔디 씨를 모아 가지고 학교로 갔다. 엄청난 칭찬을 기대하고 갔는데, 선생님이 별로 칭찬 안 해 줘서 섭섭했다는 남자 제자의 이야기다. 지금까지도 그 섭섭함이 선연하게 남아 있는 얼굴이다.

나는 그 뒤, 제자들을 가끔씩 만나 전에 못 가르쳤던 걸 벌충하려던 생각을 그만두기로 작심했다. 섭섭함은 섭섭함대로, 상처는 상처대로, 자랑은 자랑대로 그때그때, 그들을 키우는 양식이 되었을 것이다. 이제 와서 내가 어쩌자는 것인가. 그 뒤 제자들도 내 마음을 알았다는 듯이 나를 한 번도 부르지 않는다.

울산에도 내 집이 있다

여수 지영 님이 지난 2월에 울산으로 이사 가셨다.

"아직은 낯선 도시 울산에서 적응 중입니다. 선선한 가을날 선생님 울산으로 초대할게요. 맑은 샘물 같은 선생님과의 대화가 그립습니다…. 울산에서 새로운 친구 두 사람 사귀었는데 선생님께 소개해 드리고 싶습니다."

"저도 기대하면서… 포항(울산 옆)엔 자기 집에서 몇 날 며칠이라도 있으라는 친구가 있어요. 숙소 걱정은 안 하셔도…." "네. 저희 집에서 주무셔도 돼요."

땅은 밟는 자가 임자요, 집은 사는 자가 주인이라는 말이 있다. 하루를 살아도 내가 맘 편히 살고, 주인이 내 맘 편하게 해 주면 그곳이 내 집이다.

지영 님 집이 그런 곳이다. 그곳에 가면 두 친구도 있다. 그의 친구가 내 친구도 될 수 있으니까.

울산은 내가 '울산 큰애기'라고 부르는 혜경 엄마의 고향이라 '울산' 할 때마다 정감이 인다. 울산 집에서 혜경 엄마 친정집까지는 얼마나 될까. 어서 울산에 가 보고 싶다.

우리 엄마는 안 약해요

1월 초 영하 10도 이하로 내려간 추운 날, 멀리 떨어진 지방에서 독자 전화가 왔다.

"…딸(50세)이 내일 갑상선암 수술해요. 결혼도 않고 나이도 많은데, 몇 년 전 교통사고로 두 달 입원했어요. 그 후유증인가, 재발했어요. 나는 몸이 아파서 못 가 보고, 선생님 기도 좀 부탁해요. 저는 기도 부탁할 사람이 한 사람도 없어요. 선생님밖에는…."

"그럼 누가 간병해요?" "사람은 구했다고 해요."

전화는 끊어졌다. 이튿날은 그날밖에 시간이 없다고 어느 분이 방문해서 병원에 못 가고.

다음 날 오후, 혹한에 내 몸도 안 좋았지만 '…기도 부탁할 사람이 한 사람도 없어요. 선생님밖에는…' 이 신뢰에 대한 책임감으로 독자 따님이 입원한 신촌 세브란스 병원으로 갔다. 면회 시간이 오후 여섯 시라 40여 분 기다렸다가 병실로 들어갔다. 어제 수술이 잘되어서 따님은 침대에서 일어나 나를 맞는다. 환자는 표정이 밝고 상냥하고 나긋

나긋하기까지 하다.

대화하는 중에 환자 어머니에 대한 얘기도 나왔다. 나는 평소에 그 엄마의 극도의 정직, 순수를 염려하고 있던 터라, 이런 말도 자연히 튀어나온다.

"엄마는 너무 정직하고 순수하고 약해서 세상 살기 힘들고 어렵지요."

내 말에 따님은 갑자기 표정이 싸늘해지더니, 어떤 분노를 내게 쏟아 낸다.

"왜 우리 엄마가 약해요? 사람들이 우리 엄마를 순수하다, 그래서 약하다고 보는 것 싫어요! 싫어요! 우리 집이 사업이 망해서 힘들 때, 우리 형제들이 그 어려움 견뎌 내고 다시 일어난 건 다 엄마 때문이었어요. 우리 엄마 안 약해요! 엄마가 약하다고 말하는 것, 나는 제일 싫어요. 그런 사람들 미워요! 미워요!"

그가 언성을 높여 마구 퍼붓는 내 말에 대한 분노.

처음엔 조금 당황했으나, 곧 나는 흐뭇하게 받고 있었다. '딸에게서 저런 인정과 존경을 받다니… 내 독자는 인생을 참 잘 사셨구나. 이제 독자에 대한 걱정 안 해도 되겠구나. 안심이 되는구나.'

나는 그 독자의 따님을 대견하게 보고 다독이고 나서, 편안해진 맘으로 병원을 나왔다.

약한 어머니는 없다. 어머니는 다 강하고 위대하다.

이 어찌할 수 없는 삶을

내 친지(85세)에게 보낸… 얼마 전 아내를 떠나보낸 어느 늙은 남편(88세)의 편지다.

"보내 주신 서신 감사히 잘 받아 보았습니다. 정말 이런 처지를 어떻게 말할 수 없습니다. 그저 그러려니 생각만 하고 지내고 있습니다. 가끔씩 쪽지(말이 어눌해진 아내가 쓴 필담 용지)만 나와도 반갑고 착각을 하곤 합니다. 사는 일과 죽는 일이 이렇게 다르구나 생각합니다. 이제 어쩔 수 없는 삶을 조용히 살아가야만 하겠구나 생각만 하고 살고 있습니다.

권사님(친지)도 좋으셨고, 김 선생님(친지 남편)도 좋으셨고. 이제 하늘나라 바라보면서 건강하게 지내시기를 간절히 바라옵니다. 안녕히 계시옵소서. 2019. 1. 23."

아내 잃은 충격으로 말을 잃은 늙은 남편의 신음 소리 같은 몇 마디에 내 말문이 막힌다. '사는 일과 죽는 일이 이렇게 다르구나… 권사님도 좋으셨고, 김 선생님도 좋으셨고….'

이 단순 무구함 속에 생활이 정지된 아내를 잃은 늙은 남편의 적막한 심경을 헤아려 본다.

이 더위도 지나가리라

오늘 최 선생님(온유 할머니)이 문자 편지를 보냈다.

"기일혜 선생님, 많이많이 덥지요(서울 36도). 이것 또한 지나가겠지요. 그냥 보고 싶어서 몇 자 적어 봅니다. 요즘, 아침 시간이 있어 90이 넘은 은사님께서 선물로 주신 《기탄잘리》를 읽고 있어요. 시간 날 때마다 조금씩 읽고 있지요. 50년이 더 된 기억이 살아나네요. 그때는 타고르의 시(詩)였는데…. 책을 볼 때마다 선생님의 글 쓰시느라 고뇌하시는 모습이 참 부럽습니다. 날이 서늘해지면 한번 뵙지요. 이렇게라도 마음을 전합니다. 최화○ 드림."

"최 선생님. '숫굴 처녀가 보낸 편지'라는 당신 이야기가 제 책에 나오고, 몇 편의 글이 다른 책에도 나왔지만 못 드렸습니다. 선생님 댁 서울 주소도 모르고, 만남의 기회도 안 주셔서. … 책에 나온 자기 글에도 관심 없는 드높으신 초월자.

'착하고 피해 의식이 없는 사람이 가장 좋은 사람.'

당신이 바로 그런 사람입니다.

내 마음에 조용한 애잔함으로 있는 당신입니다."

그분이 사는 곳이라면

중국 소주 진지호가 바라보이는 질녀 숙소에서 시내 중심가로 외식하러 가는 길.

아파트 뒷문(?)으로 가야 가깝다고 해서 우리는 드넓고 아름다운 정원을 지나가게 되었다.

잘 가꿔진 정원을 감탄하면서 보고 가는데, 저만치서 대비를 든 60~70대로 보이는 청소부 노인과 내 눈이 마주친다. 순간, 나는 미소를 보낸다. 노인도 내게 미소를 보내는데, 가슴에 안겨 드는 온화한 미소다. '중국에 저런 미소 가진 노인이 있다니, 내 나라에서도 못 본 미소다.' 중국이 살기 좋은 나라로 보이면서 중국 민족이 달리 보이려고 한다.

이웃에 저런 미소 가진 분이 있다면… 그곳으로 이사 가서 살기도 하겠네. 어마어마한 '미소 외교'의 힘이다.

한 노인의 미소 하나로 내가 중국을 달리 보려고 하다니! 그렇게도 온화하고 인자스럽고, 예의지심으로 절제된 그윽한 미소… 무엇이 누가 저런 미소를 만드는가? 평범한 사람의 아무것도 아닌 것 같은 평범한 삶에서 저런 미소는 만들어지는 것 아닐까.

사람도 좋으면 그 사람 옆에 가서 살고 싶다. 나이 먹으면 부모님이 살던 고향 집으로 이사 가기도 한다. 그리고 이 세상에 와서, 잠시 머물던 내 영혼도 하나님 아버지가 계시는 천국 본향을 찾아간다. 그런데 하나님 아버지 집은 육신의 죽음 너머에 있다.

그리고 아무나 가는 곳도 아니다. 아버지 고향 집은 그 아버지의 자녀가 찾아가듯이, 하나님을 내 아버지라고 부르는 자녀만 천국 본향에 갈 수 있다. 자녀가 되는 길은 이렇게 쉽다.

"나는 죄를 지은 조상 아담의 후손이라 죄인입니다. 죗값은 사망. 사망이라는 내 죗값을 하나님의 아들 예수님이 대신 죽어 갚아 주셔서, 나는 이제 사망할 죄인 아닙니다. 예수님이 내 죄의 값, 죽음이라는 영벌(永罰)의 빚 갚아 주셨기에… 그 사실 믿고 예수님의 의(義)를 입고 죄와 죽음에서 자유한 의인 되어, 의로우신 하나님의 자녀가 됩니다."

하나님 자녀만 하나님 아버지 계신 천국에 갈 수 있다.

박이순 님 이사 가는 날

산골 사는 박이순 님(92세)이 서울 딸네 집으로 떠났다는 소식. 노가리댁 전화로 듣는다.

"헤어질 때 다 울었지요. 사람들이 그런대요. 노가리댁이 제일 섭섭할 거라고. 그래라우. 사람(박이순 님)이 경우 알고, 가만히 손 놔두는 법 없고, 뭐라도 한 가지 도와줄라고 하고. 그만한 사람 없어라우."

나도 그 소식 전화로 들으면서 울먹이고 있다.

박이순 님. 젊어서 일찍 남편 여의고 혼자 온갖 고생 다 하다가, 이제 하나 있는 딸 따라서 서울 어디로 떠났다. 정든 고향 동네, 고향 집 떠나서. 그가 믿는 예수님 손 굳게 잡고 살다가 천국에서 만나기를!

남쪽 어느 면 산골 교회에 나는 여러 번 강사로 가서 박이순 님을 만났다. 그 교회 구역 예배에도 참석했는데, 내 숙소 근처인 박이순 님 댁은 구역 예배에서 빠진다. 그는 나이도 많고 어려운 살림이라 생각해 준다고 빼는 것인가.

나는 그 교회 목사님(여)에게 그 댁에서도 구역 예배 드리

자고 조른다.

드디어 그날 저녁, 박이순 님 댁 구역 예배는 동네 잔치였다. 안 믿는 똑똑한 그의 친척 여인들이 와서 음식 장만하고, 나는 그의 안 믿는 친척들에게 복음도 알아듣기 쉬운 말로 전했다. 누구보다 박이순 님이 좋아하고. 내 집에서는 구역 예배 안 드리고 남의 집 구역 예배에 가서 앉아 있을 때, 내 집에서도 주님께 예배드리고 싶은 맘이 왜 없었겠는가. 다 같은 주님의 자녀인데.

그는 언젠가 내 숙소 주인인 노가리댁 고구마 밭에서 나랑 고구마도 캤다(전에 한 얘기지만 여기서도 꼭 필요하니까). 그날 노가리댁, 박이순 님, 나 셋이서 캔 고구마 열 부대를 내가 머리에다 이어 날랐다. 점심때 지나고 오후 두 시가 넘었다.

손 씻으러 간 수돗가 붉은 플라스틱 통에 가득 널부러져 있는 흙투성이 면장갑, 양말, 바지 등. 지나칠 수가 없어서 빨고 있는데, 두 노인들(노가리댁 86세, 박이순 님 88세)은 강사인 나 일 시키고, 자기네들은 점심때 지나 구픗하니까(시장하니까), 찐 밤 까먹으면서 하야하야 웃고 있다. 내가 빨래 다 빨고 가서 하는 말.

“나는 고구마 캐서 다 이어 나르고, 빨래 다 빠는데 당신들은 하야하야 웃으면서 밤 까먹고 있소?”

웃으면서 투정하듯이 말하자, 박이순 님이 하신다는 말씀. “강사님은 이녁 식구 같아.”

의외의 말씀에 나는 깜짝 놀란다.

나를 일 시켜도 괜찮은 식구나 가족으로 여겨 주시다니.

지혜롭고 명석한 박이순 님. 그가 이제 나이 많아서(92세) 고향 집을 울면서 떠났다. 노가리댁이 울고, 그가 살던 동네가 울고, 고향 산천이 울고, 92세 박이순 할머니가 울면서 낯선 서울 어느 하늘 밑으로 갔다.

지금 밖에는 비가 내리고 있다. 나도 울고 있다.

"강사님은 이녁 식구 같아."

어쩌면 그때, 그렇게도 보배 같은 말씀을 내게 해 줄 수가 있었는지. 그 말씀은 생각할수록 주님이 내게 주신 보배요, 지고의 선물이다.

내 집으로 가야지

중국 소주에 있는 질녀 아파트의 아침.

안개 낀 진지호를 바라보고 있다. 아름답다.

소주에는 과일이 풍성하다. 망고, 망고스틴, 아보카도, 용과, 자두, 오이참외 등.

소주는 수로(水路)가 많고 양잠업이 발달해서 실크 로드로 비단 수출해서 막대한 부를 누렸다. '하늘에는 천당 땅에는 소항(소주와 항주)'이라는 속담도 있고.

질녀의 쾌적한 고급 아파트. 식탁에는 별미 음식과 과일이 풍성하고. 밖에도 다양한 볼거리, 먹을거리로 넘치는 나날. 문득 내 가난한 집이 그리워진다.

볼거리, 먹을거리 없는 가난하고 맑은 내 집으로 가야지.

종일이라도 흐르는 적막 속에 생각이 흐르고 무언가를 아파하는 울먹임이 흐르고 있는.

모든 것이 잔잔하게 흐르는 내 집으로 어서 가야지.

가서 청빈하게 살아야지. 그림을 보면서 책을 읽으면서

소식(小食)을 하면서 살아야지.

가난한 친구를 만나고 주님 말씀 듣고 글을 쓰면서 살아야지. 그러다가 지치면, 집에서 5분도 안 되는 꽃밭(꽃집)으로 가야지. 사시사철 언제나 싱싱한 꽃들이 피어 있는 시원한 곳.

나를 그리워하고 보고 싶어 하는 꽃집 언니가 있고.

내 글을 읽고 치유가 된다는 꽃집 동생이 있는 곳.

'선생님. 비가 오는 날은 나를 생각하세요.

그리고 내가 보고 싶어 한다는 걸 아셔요.'

'…네에 알겠어요.'

정다운 대화가 있는 그곳으로 가야지.

오래된 흙같이 삭아서 편안한 늙은 남편이 있는.

내 집으로 가야지. 어서 가야지.

"너희는 마음에 근심하지 말라 하나님을 믿으니 또 나(예수님)를 믿으라 내 아버지 집에 거할 곳이 많도다 그렇지 않으면 너희에게 일렀으리라 내가 너희를 위하여 거처를 예비하러 가노니 가서 너희를 위하여 거처를 예비하면 내가 다시 와서 너희를 내게로 영접하여 나 있는 곳에 너희도 있게 하리라"(요한복음 14:1~3).

기일혜 수필집 39

낡은 집

초판 1쇄 발행 | 2019년 9월 16일
2쇄 발행 | 2019년 10월 15일

지은이 | 기일혜
발행인 | 임만호
발행처 | 도서출판 **크리스챤서적**
주 소 | 서울 강남구 선릉로 112길 36 창조빌딩 3F(우:06097)
등 록 | 제10-22호(1979. 9. 13)
전 화 | 02) 544-3468~9
F A X | 02) 511-3920
e-mail | holybooks@naver.com

책임편집 | 장민혜
디자인 | 이선애
제 작 | 임성암
관 리 | 양영주

Printed in Korea
ISBN 978-89-478-0355-7 03230

정가 4,000원